靳育德 著

老西宁

LAO XINING

山水人文

肆

青海人民出版社

图书在版编目(CIP)数据

老西宁肆：山水人文 / 靳育德著. -- 西宁：青海人民出版社，2017.6
ISBN 978-7-225-05342-4

Ⅰ. ①老… Ⅱ. ①靳… Ⅲ. ①西宁—概况 Ⅳ. ①K924.41

中国版本图书馆 CIP 数据核字（2017）第 146415 号

老西宁肆：山水人文

靳育德 著

出 版 人　樊原成
出版发行　青海人民出版社有限责任公司
西宁市同仁路 10 号　邮政编码：810001　电话：（0971）6143426（总编室）
发行热线　（0971）6143516/6137731
印　　刷　青海西宁印刷厂
经　　销　新华书店
开　　本　720mm×1010mm　1/16
印　　张　15.75
字　　数　150 千
版　　次　2017 年 6 月第 1 版　2017 年 6 月第 1 次印刷
书　　号　ISBN 978-7-225-05342-4
定　　价　32.00 元

古西宁 肆

目录 CONTENTS

山/1

古西宁 肆

目录 CONTENTS

今西宁 肆

目录 CONTENTS

古西宁 肆

目录 CONTENTS

山

凤凰山

凤凰山，位于西宁城区南。古时因山腰有华藏寺，所以又称南禅山。《西宁府新志》载：“凤凰山，去县（西宁县）治西南二里许，上有寺阁，可以眺远；西有岩洞，下临大川，又名南禅山。”凤凰山不高而顶平，北端有一峰突起，翘首湟水南岸，加之近城垣，多寺庙，文人雅士常在此吟诗作赋，题咏不少。是形似之故，还是人们钟爱之故，传说古时曾有一只凤凰落于其上，于是就有了一个美丽的名字——凤凰山，凤落的地方又称“凤凰台”。南山得名凤凰山至少已经有五六百年了，因为明代石櫄的《塞下曲》诗中已有“龙旗摇曳凤凰山，汉将英风震百蛮”的诗句。神州大地，以凤凰命山者不少，如李白一首《凤凰台上忆吹箫》:“凤凰台上凤凰游，凤去台空江自流”，就被人千古传诵。当你从南川归来，一川碧色之中，遥望前方，赭红色的南山似乎奋身前仆，突然中断，雄冠高扬，翘首湟水之侧，确实有一股勃勃英气。古人名之为凤凰山，大概也是有感而发的。只要登台四望，“田分万井村高下，烟点三川树纵横”，古城全貌，三川风烟，尽收眼底，凤凰山不愧是古城人们登高望远、游目骋怀的首选之地。

南山被称为凤凰山，曾以“凤台留云”被列为古湟中八景之一，清人张思宪的一首“凤台何日凤来游，凤自高飞云自留；羌笛一声吹不落，纤纤新月挂山头”，给我们描绘了一幅静谧凄丽的南山月夜图，更使它声名远播。明正德后，青海多难，为防“海寇”之患，明王朝除在西宁卫沿边大修边墙（今定名为明长城）之外，还在一些高山之巅筑设了百余个烽墩，并派驻数百名守瞭军。白天放烟，黑夜举火，以传递消息，构成了西宁卫周边较为严密的防御体系。当时凤凰台上就筑有凤凰墩，《西宁志·兵防志·烽墩》一节中就载“凤凰墩，城南五里。”近年一些耆老的回忆文章中说，20 世纪前半叶，凤凰台上的土墩仍在，人们曾在其旁放风筝、捉蚂蚱，童年趣事还留在他们的记忆里。

1985 年 5 月，政府出资修建了一座三层楼阁亭子，石栏回廊，雕梁画栋，牌匾高悬，定名“凤凰亭”。是凤凰台上建起的第一座华美的人文景观,后因地基下陷成危亭而被拆除。今又建起一座风帆状的建筑，景区名仍称“凤凰台”。每当夜幕降临，建筑物上华灯放光，晶莹剔透，真如珠挂南山，已成为西宁地标性的建筑之一。

土楼山

土楼山，位于西宁城区之北，因山间曾有永兴寺，又名北禅山。土楼山属祁连山系支脉向南的延伸，支脉在西宁地域内峰峦如骤，山脊又向南突出一趾，聚成又一峰峦，断崖千寻，翘首湟水北岸，岩层清晰，状如土楼，因而名“土楼山”。它与西宁盆地南侧的凤凰台双峰对峙，引颈相望，自成古城地理奇观。凤凰台一峰高耸，其形如钟；土楼山山顶浑圆，其状似鼓；南钟北鼓，成为西宁市区最独特的、襟山带河的自然景观。据辛存文先生说："土楼山地质结构复杂，形体多变。山顶被黄土层覆盖；山腰有石膏层和红板岩裸露，断崖叠嶂；山脚为含沙粟钙土，略呈红色。由于这种独特的地质结构，其山腰视之若楼，山顶奇峰秀丽，平缓处林木葱茏"，加之塔影凌空，楼台玲珑，实乃古城北侧一片秀丽的屏风。自北魏以来，土楼山经近1700年的不断开凿、修建，九窟十八洞，被誉为我国第二"悬空寺"，成为丝绸南路上重要的人文景观，"铎声云窟里，梵宇洞天中"，以"北山烟雨"之名，荣膺古湟中八景之一。

随着城区的改造和北山脚下沿湟水河滨河公园的修建，更使土楼观景区锦上添花，作为西宁市城北区最主要的融自然景观与人文景观于一体的旅游风景区，占据离市中心较近的优势，以及悠久的历史文化底蕴，殿宇构建奇妙的亮点，更加吸引着前来观光旅游的人们。正如我省著名学者谢佐先生所说："山川随时代而改旧换新，因文化而流芳千古。"

峡口山

峡口山，西宁城东区与今海东市分界的山。因小峡古称漆峡，又名漆峡山。《西宁府新志》载："在县（西宁县）治东二十里。石山对峙，河水中穿，为湟鄯往来之咽喉。汉时名湟峡，赵充国屯金城，奏治湟峡以西道路。〈水经注〉'湟水迳东亭，出漆峡即此。唐人常修阁道。'"只要离西宁沿兰青公路东行，围拱西宁盆地的南北两山相迎处，数里之间，岩崖对峙，中通一线，谷底湟水蜿蜒东去，激流争喧，号称小峡。其背护西宁盆地，前瞰平安川地，峻岭连绵，石崖嶙峋，险峻的地形，独特的风光，以“石峡清风”为名，曾被列为古湟中八景之一。峡西口南岸悬崖上有一岩洞，深约两米，洞口朝下，俗称“风婆婆洞”。清光绪年间，西宁办事大臣豫师在峡东口湟水两岸构筑德安、武定两关，以壮兵威，饬吏治，靖地方。清代左忠襄公为之在《创修（小峡）南北二关碑记》中说：“守着得此，兵以一当百；攻者逾此而入，则西宁不可复守”，极言峡口山重要的战略位置。

旱坪山

旱坪山，位于西宁北川陶家寨西侧。南起瓜拉沟，北至刘家沟，从下面看是山，但一到山顶，上面却是平川。树木冉冉，田畴相连，牛哞马嘶，村舍俨然，恍惚间就像到了陕北的“塬上”一样。由于山形奇特，因形起名，史料中称“旱坪山”。《西宁府新志》中说：“旱坪山，在县治北十里，土司李氏祖茔在焉。”“旱坪”二字，确实形象地描绘出了山的两大特点，山无泉流而干旱，山顶平坦而无峰。土司李氏祖茔指山脚下明代高阳伯李文的墓，《西宁府新志》说，当时这里还有李文的祭碑。旱坪山前有苏木莲河，顶平而坡呈八楞，靠山面水，是堪舆家所谓的风水宝地。

李文（1405年—1489年），字孟华，是明朝会宁伯李英的从子，明代大将，宣德年间初任指挥（武职官名）。当时塞外四卫之一的曲先卫散即思聚众叛乱，李文奉命率兵随军出征，以功升陕西行都司都指挥佥事。明代有名的“土木堡之变”后，他又以“迎驾功”于英宗天顺元年（1457 年）升任都督佥事，出镇大同，再度因功封荣禄大夫、柱国、高阳伯，食禄一千石，后世称“西伯府”，荣极一时（李英府邸称“东伯府”）。并因“负资忠义，秉志纯良，将略素闲，战功克著”的原因，于明英宗天顺二年（1458 年）三月受赐“誓书铁券”。

塔尔山

塔尔山，位于西宁城东区十里铺南。东临车骑沟（曹家沟），南与湟中田家寨乡交界，西距市中心约 13 公里。此山原无名，只因山顶原有村民所建的一座土塔，因年久破败，清光绪九年（1883 年），西宁办事大臣李慎在原址“重建于山巅，以壮文峰，号文峰塔。竞势争高，以攒图之托霄上。”自此山依塔名，人称塔尔山。李慎所建的文峰塔高达 13 米，内装土坯，外裹青砖，呈八角形。只要进小峡一顾，此塔就像玉笋指天，巍巍壮观。20 世纪 20 年代西宁地震，文峰塔在地震中被毁坏，只剩下 10 米高的塔心土墩。但塔内所供的文昌铜像、魁星铁像（高约 40 厘米）仍存，被村民供在土墩原处接受朝拜。1958 年破除迷信、大炼钢铁运动中，两座铜铁像被村民用骡子驮往当时的供销社，上交给了国家，最后化成了铜铁水。据村民说，当时一头骡子曾因不堪重负，竟累死在山路上。2007 年，在上级部门的支持下，文峰塔得以重建。重建的文峰塔呈六边形，共七层，高达 30.68 米，比原来的塔更显得雄伟挺拔。

拉脊山

拉脊山，唐代称鹘鸡山，宋代称溪兰宗山，位于西宁南百里处，是湟中与贵德的界山。由于山名书写不规范，《西宁府新志》中写成“腊鸡山”，说:“腊鸡山在县（西宁县）南一百里，往时赴贵德所者，由穷家（群加）番族绕道数十里。今文武官员捐俸开修此山，路直而捷，为南北要道。”这里高峰林立，其上常常云雾缭绕，正如杨应琚所说：“长夏若阴沉积雨，南山数峰犹有积雪，避暑之妙，可甲天下。”其实拉脊山是小积石山系的一段，它和华石山、青阳山、西元山（南佛山）、弟兄山、果石摘、八宝山、青沙山、马阴山、马场山都是一脉相承，缀珠联玉，连绵数百里，直到积石峡东口。

唐代把拉脊山称作鹘鸡山，据《新唐书》载，唐武宗时，鄯州节度使尚婢婢守西平，论恐热来攻，婢婢“断汲道，旬日，恐热去薄寒山（今大通达坂山），募散卒，得数千人，复战鹘鸡山，再战南谷（今马鸡沟峡），皆大败。”在论恐热和尚婢婢长达 20 余年的战争中，河湟地区“二千里间，寂无人烟，赤地殆尽。”11 世纪初，唃厮啰兴起于河湟地区，在今西宁建起了青唐政权。北宋崇宁三年（1104 年），王厚进军河湟，在攻取青唐城时，青唐王溪赊罗撒“携其长妻逃入溪兰宗山，再从溪兰宗山逃至青海。”宋军大获全胜后，改溪兰宗谷为丁令谷，隶属于积石军。据《西宁志》记载，到了明代，丁令谷又改称马鸡沟，明军在这儿设了马鸡沟峡榨。此后的一些史料和文献中，由于古人的随意性或因误读或误记的原因，有的记作腊鸡山，有的记作拉鸡山，有的记为马鸡山，有的记为拉计山。

拉脊山作为黄河、湟水流域的分界线，是西宁南侧的一道天然屏障，最高峰野牛山海拔 4832 米。这里山清水秀，景色迷人，我省不少诗人曾留下了许多歌咏它的诗篇“鸡峰拔地穿云过，鸟道盘山压日行”，突出其高；“翡翠铺万山，乍涌一堆雪；策马琼瑶间，人境两清绝”，细描其丽；“山北寒凝冰，山南暖化雪”，突出其特；“崎岖下山阿，回头叹陡绝”，直述其险。当代诗人陈希夷在其长诗《拉脊山赋》中曾用“拉脊藏雪兮高耸九天，群岭四伸兮竞相蜿蜒……斯岳之名胜兮，不逊于华岳。隐匿而无闻兮，因处于僻远之边塞”的诗句，讴歌了它的壮美。

白象山

白象山，位于湟中多巴镇北，东距西宁仅 25 公里，人们亦称它为“猪头山”。白象山西起羊圈沟，背靠西纳川，前瞰大西川，湟水和临羌溪水交汇于山脚下，沃野四拱，清流蜿蜒，自古是西川形胜之地。由于是“临边之地，文献罕征”的缘故，有关白象山的文字记载，只见于《西宁府新志》中，其中载：“白象山，西去县（西宁县）治三十里，以形拟名。”白象山确实像一头肥硕的大象，矗立在大西川中。从镇海堡北望，由于山之西为羊圈沟所断，此处独立成山，它头东尾西，体态雄壮，脊背浑圆；一扇大耳，垂于头侧；一只小眼，在耳前偷偷窥视。脑袋凸起，似在拱行。更令人叫绝的是泪眼模糊，长年清流不断，似乎腹中有诉说不尽的冤屈，难对人言。民谚说，猪生九胎，必生一象。在今天看来，这是绝对不可能的，但老百姓把白象山叫作“猪头山”，猪和象确实有些相似，把它称为猪头山也是对的。

据当地老百姓说，猪头山上的猪眼中流的是药水，人如果有胃病，如消化不良、胃酸等，只要喝上几次此药水，就会立见功效。可惜此水只是猪眼中流出来的，清流如丝，流量不大，更显得弥足珍贵。浑圆浑圆的白象山脊背上筑有一座土墩，高数米，墩周尚植有几棵杨树，每当盛夏，这里绿荫婆娑，在光秃秃的山脊上显得分外耀眼。也许人们把这儿当作了“山神”的所在地，在每年特定的日子里来这儿焚香诉愿，祈求平安。但史料中却明明白白地记载，这里是 400 多年前的“伯颜川墩”所在地。《西宁卫志・兵防・烽墩》中载：“伯颜川墩，城西五十里。”

南佛山

南佛山，位于湟中大源乡西，原称西元山，亦称朔屏台，北距西宁约 40 公里。据《西宁府新志》记载：“西元山，在县（西宁县）西南八十里康缠沟脑。巨石崇悚，黛色侵云，即道藏之第四太元极真洞天是也，俗称为佛山。”号称“终南之尾，西源之巅。”它背倚照壁山和经纳河，前瞰大小康缠和石灰沟，左连大小石门，右接大源乡，襟山带河，确实是一处旅游胜地。清顺治初，塔尔寺阿嘉活佛来此朝山进香，将山中原有的道观改塑为佛像，自此佛道合一，又称南佛山。清末西宁名士基生兰游后惊叹“偶会同人入洞天，始知仙境匪虚传。”由于神奇的山势地形和美丽的民间传说，明清以来，南佛山一直披着神秘的面纱，在西宁周边名气很大。

天下诸山皆有峰，唯独南佛山无峰，所以又称朔屏台。佛沟尔是南佛山的前山。数百年来，“青石坡前万树松”，被人们作诗赞誉，这里古松遍布，一沟松涛。透过浓荫，你可以看见两侧悬崖上，或亭亭如盖，或倒挂倚壁。尤其朔屏泉前，在那如练的瀑布氤氲中，松冠翠染，随风轻摇，令人心醉。

朔屏泉四周，有张道殿、三清殿、雷宫殿及石楼梯、玄芳嘴、求寿台等多处景点，除张道殿外，其余诸殿均在悬崖峭壁之上，其间由“天梯石栈相勾连。”“钟声疑是空中落，泉影遥看树梢悬。”照壁山如屏，经纳河似练，山风徐来，透心凉爽，青翠满目，令人心旷神怡。过张道殿，便是石楼梯，手攀足蹬，不畏险阻者可达岩顶。当你攀过最后一个台阶，仰首前望时，前面却是一马平川，如果不是远处峰峦起伏，你还真以为到了千里草原——这就是有名的朔屏台。东西近 10 里的朔屏台平坦如砥，除茵茵芳草外，高山蝶在翩翩起舞，金露梅撒下一地金黄。天下名山万万千，但山顶平得能跑马的，只有南佛山。

朔屏台北缘，人称这里是后山。右侧巨岩上托着苏道殿。它倚洞而建，半洞半屋，殿前平台上的一棵古松，更给这里增添了无限风光，“丹壁千寻峻极天，三楹飞阁半壁悬。”基生兰的诗形象地描绘了这里的迷人景观。从这里下瞰谷底，千壑纵横，令人目眩，遥望湟中西部三川，群山蛇行，村落葱茏，麦田菜地，绿黄分明。出殿东行，沿峭壁攀扶而下，便可到达黑虎洞、药王洞，那儿更有许多动人的神话传说。南佛山山奇、洞奇、石更奇，尤以佛沟尔西峰顶上人牵骆驼石惟妙惟肖，令人叫绝。经纳河融华石山积雪，积大小石门万泉，青山迎碧水，碧水绕青山，天光水色，真使人流连忘返。

据史料记载，自明万历十七年（1589 年）苏道自吴、蜀云游至此结庐以来，400 年间南佛山渐成道教名山。围绕这终日云雾缭绕之地，除甘青名士留有不少写景诗之外，有关民间传说也甚多，其中尤以张、苏成仙及袁道故事为最。张、苏为南佛山开山鼻祖，苏为师傅，来青海后收出生于西宁西川张家湾的张姓小孩为徒子，负责伺候苏道。苏道整日在山上绿阳洞修行，一日，张去经纳河挑水，一条金鱼三番五次跃入勺中，张只得将其带回，烧水时不料金鱼竟不怕阻拦，跃入锅中。苏道早知天意，嘱咐徒儿等诵经完毕后再食，张忍不住鱼香诱惑，偷食一点后竟在灶间羽化。苏道自思自己出家多年，苦心修炼，未成正果，今见徒弟先师而成仙，真是羞愧万分。情急之中，他攀上石楼梯，直奔到后山跳崖寻死，幸遇仙人伸手搭救，继后成仙。此后山崖间的巨岩，被人称为仙人掌，此即“一鱼点化，二道成仙”的故事。所以张道殿在前山，为南佛山正殿，而师傅苏道的殿却在后山，鲜为人知。20 年前，南佛山道人将苏佛殿移往前山，与张佛殿一起排列供奉。

张、苏二道修成正果之后，南佛山更是盛名远扬，明清两朝香火颇盛，因文献缺失，历代传人尚无文字记载，但后来却出现了一位名声传遍河湟谷地的道士，人称袁道。袁道是西宁傅家寨人，名守道，小名“五五”，道号明发，为南佛山教北派混元龙门正宗 20 代传人。民间传说其有缩地术，经常骑一梅花鹿，往来于南佛山周边四乡八堡。20 世纪四五十年代，袁道是湟水谷地知名人物，善男信女奉若神明，有关他的逸闻趣事，流传很多，就连当时省政府主席马步芳也“为之惊奇不已，不得其解。”据许纳汉先生说：“（当年）袁道无论走到哪里，总被人群所围，……善男信女当街虔诚膜拜，争献供品。有的乞讨福事，赐福降祥；有的卜凶占吉，禳灾祛难；有的讨药问病，索要字画。”他都有求必应。袁道事母至孝，乐善好施，不愧是当时一传奇人物。去世时（1952年）高寿101岁，皓发童颜，一派仙风道骨，深受村民爱戴。

照壁山

照壁山，东距湟中约10公里，隔经纳峡，北与南佛山相望。人们从汉东川南望，朔屏台简直似一张硕大的“供桌”，而供桌后露出的照壁山主峰又恰是一面硕大的“照壁”，故人称其山为照壁山。照壁山东起草半截，西至小石门，沿经纳峡东西横亘十余里，峰峦叠嶂，高低错落，有如画屏。山下经纳水蜿蜒，沙柳遮岸，除主峰似青笋矗立外，其余诸峰有的洞穿如镜，有的如巨石指天，有的如竹林七贤，三五聚会，有的如屈子披发，行吟高坡。满山乔灌密布，绿罩翠染。尤其山雨朦胧时，云遮雾障，恰如桂林山水，恍如幻境，令人叫绝。只不过地处大名鼎鼎的南佛山之后，很少被人们所垂青。

阴　山

阴山，位于西川湟水之阴，居石灰沟（实惠沟）与水槽沟之间，东距西宁城中近30里，西宁市区与湟中在附近分界。阴山实际上是拉脊山向北析出的一支支脉的末端。它挟雪山之势，似巨蟒突奔西北，为湟水所拒，断崖千寻，翘首南岸。每至冬日，这里积雪满山，背阴处近午才能见到日光，寒气四溢，故名为阴山。它前临湟水，左拥实惠沟河，因山坡陡峭，地理环境特殊，故常有山崩发生。清光绪元年（1875年）元旦，“阴山崩，水渠壅塞，张（张家湾）、旱（汉庄）、彭（彭家寨）、刘（刘家寨）、苏河（苏家河湾）五处数千亩沃土，几作石田。”可见灾难之重。新皇帝登基伊始，阴山崩，自然不是好兆头，故《西宁府续志》郑重地记下了这件事。

阴山地处要冲，早年，西侧山脚下曾设有军事防御机构——“塘”，派兵把守，所以曾叫阴山塘。不过，随着历史的变迁和军事形势的改变，“塘”已经从地名中消失了，由于人们书写的随意性，现在已写成“阴山堂”。

阴山前临湟水，河畔滩地平整而肥沃，过去就有人在这儿筑墙架屋，力农为生。由于从西宁到阴山堂正好是半日路程，自古以来这里是脚户行人憩足用餐、官宦人家祖酒饯行之所，所以阴山堂路侧很早就设有车马店和饭馆，是西川路上比较热闹的一处地方。辛亥革命后，由于袁世凯称帝心切，无意御外，在帝国主义的策划下，西藏亲英势力不但公然筹备“独立”，还欲染指玉树，叫嚣要“将昆仑以南，当拉岭（今唐古拉山）以北之地划为内藏，中国不设官，不驻兵。”在这国家命运风雨飘摇的关键时刻，时任镇守西宁等处总兵官的马麒上书北洋政府，认为如果亲英势力的阴谋得逞，“以十三城拱手让人，已丧地千里。”力陈“速收玉树为他日恢复卫藏之计。”1914 年，北洋政府派周希武等前往玉树会勘，次年 10 月 16 日，周氏等离宁西行，马麒曾在阴山堂“以羊酒饯行。”中英西姆拉会议后，川藏战争爆发，西藏形势更为严峻。1919 年 8 月，北洋政府遣朱绣、古浪仓等入藏与达赖谈判，马麒率各地方官员又在阴山堂设宴，为朱绣等谈判代表隆重饯行。

达坂山

达坂山，属祁连山系，古称大寒山，是大通和门源的界山，也是湟水谷地和大通河谷地的分水岭。《西宁府新志》中记载：“大寒山，石骨峥嵘，鸟道盘错，为行旅之所必由，而茂林流泉，亦有可观。”史料中称：“（达坂山）壁立千仞，自西而东，横亘二百余里，划然天地，界分南北。”山峰海拔一般在4000米左右，最高峰仙米达坂海拔4353米。南麓有宝库河、察汗河，景色优美，奇峰异石，缀玉联珠，不胜枚举。达坂山自古是西宁北部的屏障，其中上、中、下达坂（即去互助北山之路）是西宁通往河西走廊的咽喉要道。隋炀帝西巡青海时，就曾越此，前往扁都口（大斗拔谷）的。史载隋炀帝过达坂山时虽是夏六月，这里仍“风霰晦暝，与从官相失，士卒冻死者大半。”

老爷山

老爷山，号称北武当，又名元朔山，位于大通桥头镇境内，南距西宁近40公里。元者，首也；朔者，北也。由于山高峻而地处西宁之北，所以被称为元朔山，苏木莲河与东峡河在这儿相会。因忠义闻名的关圣帝君很受老百姓敬重，各地均建有祭祀他的关帝庙，一般尊称为“关老爷”。因为元朔山“山顶有太元宫，即关帝庙”的缘故，“故土人又称为老爷。”老爷山上有火烧台、老虎洞和古寺庙遗址，主峰西南皆为悬崖绝壁，北面与牦牛山相对。加上高原气候多变，有时浓云密布，有时天朗气清，登高眺望，云海苍茫，“石磴盘梯，川流萦带”，漫步林中，别有野趣。

据说老爷山全盛时，山上建有药王宫、玉皇殿、菩萨殿、七真祠、太元宫、三佛殿、百子祠、斗母庙、文昌宫等“不可胜计”的人文景观。还有被明万历时监司龙膺题为“海藏”、又被清乾隆时西宁道佥事杨应琚盛赞为“甚奇伟”的巨石，明代江南人俞安期题为“慈藏”的虎窟等自然景观。当你沿宁大路北行，突见前面横空出世，断崖千仞的老爷山时，你也会不禁发出啧啧赞叹，难怪古人廖傒苏《冬日过新城望元朔山感事》中写出了“天开峡口朝金阙，日挂山腰见玉峦”这样气吞山河的诗句。加之满山苍松白桦，高乔低灌，芳草披拂，野花斗艳，近 3000 亩林区中，“草色迷人眼，松荫闭石关；林深藏古寺，景静出人寰。”祁松年在《丁酉秋日游元朔山》诗中，用白描的手法，出神入化地给我们描绘了老爷山壮美的景色。

老爷山以其奇特的山势，秀丽的景色，千百年来，吸引了无数前来游览的人们。据不完全统计，自明代以来，就有数十位达官显宦、文人墨客给我们留下了数十首歌咏它的诗篇。民间有句俗语说：“大通有个老爷山，仰绊肚儿揣着天”，仰卧山顶即能摸到天，以夸张的比喻形容了山高。而明人廖傒苏却用“奇峰万仞立嵯峨，峭壁连天信手摩”的诗句，也文绉绉地描绘了其高。李焕章为形容其高，在《游元朔山》诗中，又从俯瞰的角度来形容的，“绝顶凭临眼界空，群山罗列似儿童”，老爷山前的其他山像小孩子一样围拱在周围，暗喻了老爷山的雄伟高大。而基生兰又从远观的角度，在《和李文斋游元朔山》诗中，用“出城遥见青峰峻，疑是翠屏插碧天”的诗句，极力地刻画了出西宁城即能看到的元朔山。四川新都人谢陛又从仰望的角度，用“向北山光屋半开，青峰万仞压楼台”、“天垂北斗悬旗上，云压西山挂殿中”这样充满浪漫、夸张的诗句，兀现了老爷山的高与险。更有许多诗人，用通俗的白描笔法，赋写了老爷山秀美的景色。如清人杨应琚的“端岩双水曲，斜影数峰青”诗句（《次新城望元朔山》），就像一幅山水画，将临水而立的元朔山呈现在我们面前。秦株用“绛殿穹窿冠岭开，晴秋高倚集灵台”，基生兰用“龙宫余断瓦，虎洞倚危崖”，谢陛用“振衣高叩碧琳宫，石磴盘云曲曲通”，祁永年用“客兴萧疏里，钟声远近闻”这样清逸超然的诗句，将掩映在松影石峰间的古老殿宇，用电影推拉的手法，一一让我们浏览。“覆崖雪色山中满，入峡河声塞外来”、“云撑石角连天出，风卷松涛涌雪来”等诗句，给我们勾勒了雪压元朔的壮美；而“乘马游元朔，解鞍上后山”、“闲花诚可爱，野径不难攀”、“云气迷飞鸟，烟痕淡远螺”的诗句，又给我们描绘了盛夏元朔的秀丽。

文人墨客眼中的老爷山是文绉绉的山，幽雅而充满情趣，而老百姓眼中的老爷山虽没有“久与名山有夙缘，仙灵见我亦欣然”（张明遵《癸亥夏随师校同人旅行元朔山》）物我合一的感受。据《西宁府新志》记载，老爷山“夏间野花甚多，六月六日，士民倾城往游。”《大通县志稿》称：“盛夏花浓，名野芍药，每逢天贶，士民游集，称大会焉。”看来，老爷山的花儿会，至少已有300年的历史了。

娘娘山

娘娘山，古称金山、金蛾山，是湟中和大通的界山，其主峰架子山海拔4121米。《西宁卫志》载：“金山，俗名娘娘山，西去卫治六十里，上有湫池。隋炀帝征吐谷浑，宴群臣其上。后围吐谷浑于覆袁川，命元寿屯金山是也。”因山腰有圣姥庙，故又称金娥山。它东西横亘数十里，高峰入云，峭壁对峙，层峦叠嶂，巍峨苍莽，幽深秀丽。大通古八景之一“夕照流金”即指此山，古湟中八景中的“金娥晓日”也指此山。民国 8 年 (1919 年)，当时的大通县知事合肥人刘运新曾在《大通县志》中对娘娘山作过绝妙的描绘 :“九面芙蓉，巍峨万仞，夕阳西照，辉接云霄，射目光芒，流丹映碧。”山上还有一湫池，久旱不涸，这就是清末名士张思宪在《金娥晓日》中所说的“金娥池”。

据史料记载，隋大业五年 (609 年)，隋炀帝率军及文武百官、嫔妃和各种服役人员约 10 万之众亲征吐谷浑，巡于河右 (河西的别称)。五月,在围猎拔延山之后,进入西平 (今西宁市) 北的长宁谷(今西宁北川)，曾在景色秀丽的金山大宴群臣，而后命元寿南屯金山，北进越达坂山，围吐谷浑于覆袁川 (今门源境内)。又据《青海历史纪要》谓 : 金山大宴期间，“炀帝胞姊乐平公主 (即前北周天元皇后) 随行殂于金娥山，后建圣姥庙于此山。”所以民众俗称此山为“娘娘山”。

娘娘山是树的世界，花的海洋，鸟的乐园，正如包正礼先生所说，那怪石嶙峋的峭壁就像刀削斧劈，景色使人目不暇接。在这天然的林海松涛和碧草流水中寻胜探幽，有时茂林如屏，峭壁当前，令人有“山重水复疑无路”之感，然而当你在迂回曲折的羊肠小道攀登时，又会峰回路转，顿生“云开别有天”的情趣。有时突然间晴天外洒下阵阵细雨，拂落在脸上顿觉清新凉爽，有时一股白蒙蒙的水雾从悬崖间喷薄而出，飘游于峰顶山腰，只能听到游客寻朋呼伴的声音，却看不见近在咫尺的人影，忽而又云开雾散，明丽的阳光照得古木添新，绿树滴翠，使人耳目一新。登上山顶极目远眺，只见南面耸立在西宁市凤凰山上的南禅寺和土楼山上的北禅寺，都隐约可望；那东起甘肃永登经互助边滩、南门峡、大通元朔、桥头、新城等地蜿蜒至湟中的明长城（俗称古边墙）似一条巨龙，蜿蜒起伏，直至贵德。北边的大坂山壁立万仞，山顶白雪皑皑，山腰云雾缥缈。环顾四周，但见娘娘山麓自北向南，岗陵起伏，有若龙腾霄汉，好比凤凰展翅。登临此山，真有“一峰拔地起，四望众山小”之感。就连对面耸立在北川河畔、巍峨壮观、久负盛名的老爷山，霎时也显得低矮了许多。

娘娘山不仅风景秀丽，山下还埋藏着丰富的矿藏。在娘娘山麓，北起良教乡干沟村，南至桥头镇，广阔的地下蕴藏着丰富的煤层，从明代洪武年间至今已开采了600年之久。据说娘娘山麓斜沟、岗冲等地还埋藏着大量的石英石，蕴藏量达2.8亿吨之多，娘娘山，不但艳冠群山，而且还是一座名副其实的百宝山。

画屏山

画屏山，位于大通宝库乡，主峰在今宝库乡五间房村处，是达坂山的一段。《西宁府新志》载：“画屏山，卫（指当时大通卫）北四十里，有地名五间房者。野花啼鸟，如画屏焉。”它南至城关，北通甘凉，山势迤逦，轩敞如屏。春夏之交，啼鸟嘤鸣，野花丛杂；夏秋季节更觉天高日丽，形成一幅天然图画。《大通县志》称这里“时及春生，鸟语花明，浑如仙岛。清秋一色，竟体空明，尘无纤滓，云英泻碧，霜叶流丹，更觉一幅图成天然画本。”大通古八景之一“画屏秋净”即指此山。《西宁府新志》说这里“群山环绕，中多溪涧，民间以为畜牧之地，巅多林木。”清末

日月山垭壑

贵德峡

拉脊山峡

达坂山瓜拉峡

西宁南川牛心堆

达坂山峡

远眺唐石堡城

华石山

民初文人廖徯苏填词赞道："山势画屏开，六曲平裁，西风无限送秋来。落尽腥红山径晓，霜叶成堆。此境隔尘埃，点绝莓苔。天峰倒影入楼台，一片浮光都扫尽，小胜蓬莱。"

日月山

日月山，古称赤岭，位于湟源西南40公里，藏语称"日沃尼达"，蒙语称"那喇萨喇"。《西宁府新志》载："日月山在县（西宁县）西一百七十里，东北五里为新设哈拉库图营，西宁县与青海以此山分界。"它是西宁与海南州的界山，地处湟源日月乡与共和县倒淌河镇之间，属祁连山脉，平均海拔4000米左右。日月山是我国自然地理上的一条非常重要的分界线，是我国外流区域与内流区域、季风区与非季风区、黄土高原与青藏高原分界线，也是青海省内农业区与牧业区的分界线。它不但是中国历史上常出现的名山，而且也是民间传说中常提到的名山。

有关日月山的名字，最早出现在我国古籍《山海经·大黄西经》中，说："大黄之中，有山名日月，天枢也。吴姬天门，日月所入，处于西极，以行日月星辰之行次。"尽管《山海经·大黄西经》中曾有过日月山的名字，但在中国古代的很长一段时间里，至少在6世纪中叶，汉文史料中却把这里叫作"赤岭"。日月山是祁连山东段的一支，说具体一点，是拉脊山的一段，由于整个山体呈红色，所以这里的人仍把它称作"红垭壑"，实际上这和赤岭是同一个意思。日月山因其特殊的地理位置，历来是内地赴西藏的交通咽喉。它在中国历史上闻名更主要的原因，这里不但是自古以来中原王朝的边防要地，也是中原地区的前哨和屏障。据《洛阳伽蓝记·宋云家记》记载，北魏明帝神龟元年（518 年），高僧宋云去印度取经，“初发京师，西行四十日至赤岭，即国之边疆也，皇魏关防正在于此。”可见，当时北魏的西部边界即在这里。

据《新唐书》记载，日月山附近的“承风戍（据专家考证，在今贵德县尕让乡千户庄一带），是隋互市地也。”唐仪凤三年（678 年），在今西宁设置鄯城县。由于日月山是唐王朝与吐谷浑、吐蕃的军事分界线，战略地位突出，军队和使者“自陇右入吐蕃，皆取此道”赤岭一带更是名闻天下。当年，石堡城之战，曾使这里草木积腥，川原流赤；唐蕃和亲，又在这里留下了流传千古的美丽传说。据王昱先生统计，从唐太宗贞观八年（634 年）至唐武宗会昌六年（846 年），唐出使吐蕃达 66 次，吐蕃出使达 125 次，可见交往的密切和频繁。虽然双方基本上以和好为主，但亦为各自需要，不断发生过战争，其中有些战争就曾在这里爆发。

唐蕃联姻是唐蕃关系史上最美好的历史事件之一，至今仍为人们传颂不已。贞观十年（636 年），唐太宗以宗室女弘化公主许嫁吐谷浑诺曷钵，从而密切了双方关系。吐蕃赞普闻之，羡慕不已，亦派专使赴唐求婚。贞观十四年（640 年），唐太宗以宗室女文成公主许嫁吐蕃赞普松赞干布。十月，吐蕃大伦禄东赞到长安迎亲，唐太宗派礼部尚书、江夏王李道宗“持节护送，西越赤岭”，史载曾受到弘化公主和诺曷钵的隆重欢迎。文成公主远嫁吐蕃赞普松赞干布，不但增进了汉藏友谊，而且留下了千古传颂的历史佳话。有关文成公主在日月山摔碎可以引起思乡思绪的“日月宝镜”在民间传说，更为日月山的得名增添了无限光彩。68 年后，唐中宗又决定以宗室女金城公主西嫁吐蕃赞普，左骁卫大将军杨矩曾护送金城公主又过日月山，自此以后，吐蕃与唐王朝以甥舅相称。文成公主和金城公主西嫁吐蕃赞普后，据史料记载，当时“陇右西平之地，闾阎相望，桑麻翳野，天下称富庶者，无如陇右。”日月山一带，更是“金玉绮绣，问遣往来，道路相望，欢好不绝。”

北极山

北极山，位于湟源城关镇北仅里许。北极山是巍峨的八宝山南坡褶皱中的一处凸起，据《西宁府续志》记载：“七峰排峙，状如列星。山间朝暮常有五色云气，庙宇辉煌，相为掩映。”《湟源县志》记载，此山虽高只有“十余丈，（但）五峰罗列，状如北极，下有清流，蟠绕其上”，山虽小而气势不凡。北极山得名与其山“状如北极”有关，但北极山闻名却与这里曾“庙宇辉煌，金碧相映”是分不开的。当年全盛时，北极山上依山造势，高低错落，建有文昌宫、真武庙、奎星阁、三清殿、三圣庙、土地祠、雹神殿等道教祠庙，“位奠紫极，俯瞰丹城，翠色岚光，掩映峰峦”，因而成了一方名胜。加之张兆珪题为《北极插云》的“石壁千寻危岫岭，云烟捧处翠楼悬；佳名北极播遐迩，城郭山林列眼前”一诗，成为丹噶尔八景之一，更是名闻四方。

北极山得名约在清乾隆十二年（1747年）至四十二年（1777年）之间，因杨应琚于乾隆十二年（1747年）修成《西宁府新志》时，尚无此山名。清雍正五年（1727年）建成丹噶尔城后，经五十余年治理，民风渐变，人们认为“山之有观，尤身之有衣。”有了一方名胜，才可以“凭吊山川，流连光景。”为此，清乾隆四十二年（1777年），在镇海营参将长白新公的大力支持下，阖城士民捐资，四乡丁壮出力，在北极山进行了大规模的庙宇修建。工程于当年三月奠基，九月底竣工，初创了北极山第一批殿宇——紫霄观。从卢忻章的《创建北极山紫霄观碑记》来看，当时此山已命名为“北极山”。每当烟岚笼罩或细雨蒙蒙之时，从丹噶尔城内望去，山在云雾缭绕之中，斗拱高翘，若隐若现，真有点“楼阁玲珑五云起”的味道。每当天朗气清，山青水明之日，尤其六月六的朝山节，城乡士民往往携酒带饭，登临远眺。南至华石山，西至拉拉达坂，东至西石峡，群山城郭，尽收眼底。正如丹噶尔同知封启云所说：“登山把酒快临风，绝塞全凭一道通。”难怪人们常常玩到“乘兴漫游归向晚，满街灯火已初红”的时刻。

牛心堆

牛心堆，位于湟中上新庄镇申中村南侧，当地人称“孤山尔”，因山名川，史料中曾称南川为牛心川。牛心堆兀立于平畴中，山呈赤色，碧草覆盖，南高北低，东西稍窄，长近200米，高达数十米，状类牛心，因形起名，实在惟妙惟肖。这座独立于旷野之中的小山，屡见于我国地方史料中，早在1500年前的北魏时，著名地理学家郦道元就在其《水经注》中说：“牛心川，水出其南远山中，东北流迳牛心堆。”

牛心堆所在地因南控拉脊山峡口，西依去鲁沙尔、西川要道，东通小南川，北靠西宁，自古是兵家必争之地。唐贞观年间，因占据青海的吐谷浑扣留唐使臣赵德楷，进而犯凉州，惹得一代英主李世民发怒。公元635年，他派李靖以西海道行军大总管的身份，统领五路大军征青海，“大败吐谷浑于牛心堆”，迫使其首领伏允西逃。牛心堆一战，揭开了吐谷浑走向衰亡的序幕，新、旧《唐书》中都郑重地记述了这次战争的经过。

明万历二十三年（1595 年），蒙古永邵卜部攻南川，兵备按察使刘敏宽等督军迎战，牛心堆前刀枪交错，杀声震天，“飞丸疾矢，运荡山谷。”据刘敏宽亲撰的《湟中三捷记》载，十二天后，他亲至湟中，尚见“南川战垒，积尸交横，膏血俱殷，”致使刘敏宽乘马“惊逸不服乘。”“天阴月黑多磷火，七百游魂哭战场。”逼真地刻画了当时牛心堆前尸横遍野的恐怖场面。清雍正元年（1723 年），在青海蒙古亲王罗卜藏丹津发动的反抗清廷的叛乱中，牛心堆前又演出过血腥的一幕。

文笔峰

文笔峰，《西宁府新志》载：“在城南里许”，是靠近西宁城区的南山最高峰，海拔 2716 米。进小峡一望，恰似玉管指天，气象万千；登高四顾，长空万里，青色满目；西宁三川，凤凰山诸景，尽收眼底，因而以“文峰耸翠”被誉为古湟中八景之一。清人张思宪的一首“文峰崱屴耸云霄，孔雀楼前望不遥；最爱年年秋雨后，青螺翠黛画难描”的诗，更是文笔峰锦上添花。基生兰先生更赞美它“文笔峥嵘灵秀钟，新晴更见翠千重。孤高自有凌云势，直作边城第一峰。”

明孝宗年间，西宁卫地方官员认为，当地“民风粗俗，崇尚气力，率喜战斗”，因而“教育不兴，人才罕出”。为了扭转风气，使崇文的风尚形成，必须选择福山佳地，立碑禳解，方能改观。弘治三年（1490 年），抚治西宁兵备道柯忠在实施“教先于政”的措施同时，择吉日，祭天地，经过诸多繁杂的手续，最后勘定西宁南酉山村后那个凸起的山头处，为西宁文脉所在，因名为“文笔峰”。

之后在地方官员的支持下，在峰顶建起了一处形似碑、状如塔的建筑，上有魁星阁，定名“文峰碑”。希望此举能使地方人才辈出，文化得以振兴。

文峰碑建成后，经官府和几代士民的维护，一直矗立在南酉山顶。人们认为朝山进香，去了南山寺，登了凤凰台，拜了文峰碑，才遂了心愿。所以除了战乱之年外，每逢文坛盛事，大比之年，这里常常举行一些隆重而虔诚的仪式；每逢盛夏，风和日丽之时，文人雅士也以到文笔峰踏青赋诗为乐事。他们站在这高山之巅，望“湟水雄浑环近郭，雪山迢递接祁连”，抒书生意气，发古今感慨；多少失意文人，考场“孙山”，也常到这里暗祈上苍，哭诉委曲，直到块垒泄尽，才蹒跚下山。

文峰碑历经数百年的雨雪风霜，后来终因“年久倾圮”。1924 年，有人倡议重修文峰碑，在当局的支持下，士绅捐资建成 20 余米高、内填土坯、外包青砖的五层塔形建筑物。塔呈四方形，最上层为一间小殿宇，内供“魁星神像”，魁星“单足踏斗，右臂高举，手执点元朱笔，面向西宁。”可惜在 1966 年秋，被人用炸药分两次将其炸塌。30 多年里，只有东南角残存的墙脚不屈地从土坯中探出身来，向来访者诉说着那段令人神伤的历史。

改革开放以后，为了保护文物古迹，弘扬地方文化，张扬西宁的人脉和文脉，政府投资 400 余万元，开始了包括文峰碑主体和须弥座重建的一期工程。重建的文峰碑依然是五层，但高达 33 米，采用内钢筋混凝土框架结构，外包古色古香的青砖。二层南北两面分别镶嵌砖雕“文运昌盛”、“钟灵毓秀”八个大字，第四层按中国传统风格，东西南北分别镶嵌砖雕青龙、白虎、朱雀、玄武四神兽。依照旧貌，第五层为魁星阁，内供文昌和魁星镏金铜像。残存的旧碑遗迹被包裹在第一层，得到妥善保护，这种匠心独具的设计，既保护了现存遗迹，恢复了它原有的风貌，又体现了昂扬向上、气势恢宏的时代精神，从中可以看出政府和文物工作者的良苦用心。文峰碑重建工程的竣工，作为我市的一处文化胜地和旅游景点，它将和大墩岭山顶公园南北交辉，为市民提供了充满中华文化氛围的观光和休闲的去处。

拉摩勒

拉摩勒，位于拉脊山中弟兄山西侧，海拔高过邻近各峰，山势雄伟，沟壑如画，状如金刚，威风凛凛。20 世纪 70 年代前，虽至炎夏，峰顶仍被冰雪覆盖，雪线分明。邻近各川道民众常以拉摩勒是否“戴帽”（山顶是否有云）作为晴雨表，判断天气的阴晴“拉摩勒头上云起了，四山里要下个雨了。”据民间传说，拉摩勒是一个女凶神的名字，人们只要不惹她，表示敬重，就相安无事；一旦惹了她，那将会大难临头，所以要敬而远之。

弟兄山

弟兄山，位于湟中县城正南 15 公里处，实际上是拉脊山中较特殊的一座。此山一山有三峰，山骨嶙峋，依次排列，如兄弟一般，故得名。山中有泉，下泄成溪流，滋润着山前的马场滩，出沟汇入南川河。从山前的曲噶尔静房南望，正对弟兄山主峰。有关此山，还有段动人的传说：弟兄山自东而西，依次为老大、老二和老三。老大家生活困难，日子过得难以为继，最后饿死了；老二家境优裕，成天花天酒地，最后涨死了；老三体弱多病，生身恶疾，最后流脓而死。人们依山形编造故事，确实有些形象。最东面山峰的山腰部有一巨大凹陷，日照其上，阴影黯然，确实像“饿死”；中间山峰山腰大肚隆起，威风八面，确实像“涨死”；西面山峰山腰部似乎发生过泥石流，土黄色一溜，不见绿色，确实像“流脓”而死。

石堡城

石堡城，俗称大、小方台，位于日月山东侧湟源日月乡莫多吉村，药水河东岸马鞍形山巅。石堡城曾一度是唐蕃对垒的战场，新、旧《唐书》中均有记载。《西宁府新志》记载:“石城山,西去县(西宁县)治二百八十里,即石堡城。崖壁峭立，三面险绝，惟一径可上。”大非川之战后，吐蕃占有了吐谷浑全部国土后，屯兵青海湖地区，在日月山一线与唐军对峙，因而地处日月山东麓、扼唐蕃大道咽喉处的石堡城成了双方拼死争夺的战略要地。开元年间，唐王朝国力强盛，史称“开元盛世”。从天宝二年（743 年）起，唐王朝先后派陇右节度使皇甫维明、王忠嗣、董延光等先后攻打石堡城，但损兵折将后，均遭到失败。正如名将王忠嗣所说:“石堡城险固，若屯兵其下，非死万人不能克。”天宝八年（749 年），时任鸿胪卿兼西平太守的哥舒翰受命率陇右、朔方等道兵十万人大举进攻石堡城，守城吐蕃兵凭借天险，以滚木擂石相抵抗，唐军死伤甚重。在哥舒翰“以三日为期，不然将斩”的严令下，将军高秀岩、张守翰终于攻下了石堡城，而代价是“唐军死数万，仅获吐蕃兵四百。”但就是这点惨淡的战绩，唐玄宗闻讯大喜，诏改石堡城为神武军。正如唐代大诗人李白所说：“君不能学哥舒，横行青海夜带刀，西屠石堡取紫袍。”天宝十二年（753 年），哥舒翰被晋封为西平郡王，石堡城终于又成了唐王朝阻击吐蕃的前哨据点。

公元 755 年，“安史之乱”爆发，唐王朝为了防护中原，急调陇右精兵东下，河湟防务顿时空虚。第二年即唐肃宗至德元年（756 年），吐蕃兵不血刃，轻而易举地入屯石堡城，紧接着至德二年（757 年）又攻陷了鄯州。从此，唐王朝的势力退出了河湟谷地，石堡城也很快淡出了人们的视线。

小方台果如其名，为一平台，东西宽 90 步，南北长 130 步。东西两侧是坡度很大的陡坡，而且是风化严重的红砂岩，攀爬不易；南侧是峭壁，赭崖如墙，下瞰令人目眩；只有东南侧有一条鱼脊状的石梁，起伏不平地通向大方台。

小方台正中偏南有一高台，距平台西边缘约 10 米，据史料说：“（这是）一座残高一米、直径约三米的瞭望台。”实际残高近三米，除东、西、北三面经千余年风吹雨打，上面覆盖土层外，南面为裸露整块红砂岩，凸凹不平，形象狰狞。瞭望台北侧有青灰色河卵石垒成的石梁，长约 5 至 6 米，由于历时久远，卵石间已被山土填满，长满了茸茸小草。大小方台整座山是由红砂岩构成的，这种青灰色的河卵石（实际上是石灰石）只有山下的药水河中才有。因此可以断定，这些河卵石就是当年守卫石堡城将士使用的武器中的一种，即历史小说中所说的“滚木擂石”的擂石。如今，这些会要命的东西由于未派上用场，经历了一千多个寒来暑往，而默默地堆放在这里，真使人深深地痛感到历史的苍凉与悲壮。

从小方台西望，日月山（赤岭）垭壑正在西南方，与史载的20里距离基本相当。遥想当年攻取石堡城时，因南侧是峭壁，方台西侧肯定为主攻面。为了加强西侧防守，当年防守者在这儿进行了大规模的军事构筑，沿西侧陡坡，用山上红砂岩石块，进行了砌筑，石块间使用石灰浆砌，迄今灰层清晰可见。砌筑层高达20米，长10余米，可见工程量之大。因此可以推测，小方台原来也是一个山峰，当年为了屯兵守戍，守卫者在山头进行开挖，平整土地，拥土四填，挖出的岩块用做浆砌之料。今台上尚存的瞭望台即当年开挖时特意留下来的峰顶，裸露的凸凹不平、形象狰狞的整块红砂岩就是明证。

据《青海古城考辨》记载：“（大小方台上有）房屋基址及地面散布有大量的砖瓦碎片，考古工作者曾在大小方台上采集到唐代开元通宝。”

沿小方台东南角石梁赴大方台，石梁由北而南，长约200米，北低而南高，起伏不平，两侧陡峭。石梁上有巨石当道，石色斑驳陆离，石面坑洼不平，其上刻有某年某月的字样，不仔细辨认，已近乎漫漶不清。

大方台比小方台高，两头翘起，状若马鞍，中为长约50至60米、宽约10米的条状山脊。西、南两侧是近乎垂直的峭壁，探头一望，令人目眩。据史料记载：“（这里）有排成U字形的房屋基址，房屋紧贴峭崖，因地势狭窄，墙基用石板垫高。房屋基址皆为正方形，面积在5×5米至7×7米之间。”果真如此，这里断瓦残砖成堆，遍布山头，有的甚至基本完整。大方台西北头翘起处是一土墩，高约4至5米，史料中记为“高一米”是不准确的。这就是大方台的瞭望台，台顶断瓦残砖很多，尤其用于砌临崖南侧台基的、长约两米的红砂岩条石，棱角整齐，石面平整。古人在1000多年前使用简陋的工具，在高山之巅就地取材，将红砂岩加工得如此规范，真令人惊叹不已。

1000多年前，这儿曾回荡过千千万万拼死厮杀的将士们的呐喊声，脚下的荒径野路上曾浸透过殷红殷红的鲜血，填满沟壑的累累遗骸，曾是多少家“春闺梦里人”？如今一切归于寂静，一年年草黄草绿，一年年夏雨冬雪，最后凝聚为新、旧《唐书》及《资治通鉴》中那几段描述兄弟阋墙的文字，并引得好事者们三三两两不辞辛苦地前来凭吊。

大俄博

大俄博，又称戎峡山、松蛾山，位于湟源城东。大俄博一峰独起，雄踞西石峡（湟源东峡）西口，《西宁卫志》记载为“戎峡山，在卫治西，湟水所经也。”据说3000年前，大俄博下的西石峡是羌人中从事农耕的西戎人的故乡，所以西石峡又称为戎峡，峡口南侧的大俄博又称为“戎峡山”。从峡中西行，峰回路转，峡口渐开，突见南岸一峰拔地而起，直插云天，这就是颇有名气的湟源大俄博。登峰四望，“百余里如在眼前”，药水和湟水两水如练，汇于山脚，“两水夹明镜”，更增添了“小北京”湟源城关镇灵秀气势。《丹噶尔厅志》对此有详尽的描述，说群山之中，大俄博孤峰陡峙，与三棱俄博、黑山俄博鼎足而三，土人呼为“柴塔俄博”。“柴塔”二字快读音近“大”，今人皆呼“大俄博”，是否亦是音转之故？

大俄博高而峻，也许是“高处不胜寒”的缘故，山下虽是开瓜解暑、柳荫纳凉的季节，但峰顶却高风阵阵，彻骨觉寒。20 世纪 60 年代中期，山巅尚有一间破庙，坐东向西，残幔旧幡，悬垂其间。庙门的楹联“孤庙无灯凭月照，山门不锁待云封”，凄凉地显示了当时香火不旺的状况。庙后两米处有一棵枯松，矮而粗，径近尺，虬枝横斜，树冠如盖，枝头挂满了人们祈求“保佑”的红布，斑驳陆离，随风飘摇。就是这一棵枯死的孤松，在《西宁府续志》《丹噶尔厅志》等史料中都有记载，因而以“孤松凌云”成了湟源古八景之一，文人雅士，多有题咏。如清末诗人张兆珪写道：“古木苍苍绝顶横，参天枝叶冠群英；挺然特立最高处，世有奇材不易生。”诗人借峻岭孤松，抒发了在那兵荒马乱的年代，对人才摧残的感慨，及对自己有志难伸的怨愤。史料记载，当年孤松苍翠时，“五色金蛾飞舞其间，望之栩栩欲仙，令人起遐逸之思。”松因山而闻名，山因松而得名，《西宁府续志》称其山为“松蛾山”，列于青海名山之列。

铁砂帽

铁砂帽，娘娘山主峰，海拔 4121 米。又因铁砂帽与左右两峰并立，状若笔架，又称架子山。铁砂帽峰势险峻，状如峰锥，多为铁褐色流沙石，寸草不生。从深秋到初春，铁砂帽银装素裹，在干冷的蓝天下，闪烁着金属般的寒光；长夏里，在青天丽日之下，山南山北涌绿叠翠，只有铁砂帽又似铁铸巨钟，端坐在万山丛中，尽显威严姿态。

小　峡

小峡，亦称漆峡、安儿峡、湟峡，位于今西宁市东，西宁市与海东市平安区在此分界。早在 2000 多年前，西汉后将军赵充国屯田湟中是就在这里治沟渠、修桥梁，是青海开发得最早的地区。小峡因地处西宁盆地之东，两山夹峙，湟水中通，自古被誉为“往来要害，控制咽喉。”清同治年间左宗棠镇压回民起义时，清军被拒在小峡外，历 70 余日，经大小 50 余战始得通过。事后，左忠襄公在《创修（小峡）南北二关碑记》中说：“守着得此，兵以一当百；攻者逾此而入，则西宁不可复守”，极言此地重要的战略位置，从这点上来说，把它比作西宁的东大门，是一点儿也不错。峡中曾有风婆婆洞、风神祠、弹子石、德安关、武定关等名胜古迹，还以“石峡清风”为名，成为古湟中八景之一。

马鸡沟峡

马鸡沟峡，又名捏耳朵峡，在西宁南近百里处。它纵贯拉脊山中，北倚门担峡，连接湟水谷地和黄河谷地，古时一度曾是西宁通往青海湖、进而去柴达木的主要通道。由于战略地位的重要，当年这里是争疆掠土的战场，唐代牛心堆之战、北宋溪兰宗堡之战，都发生在这里。尤其明代的“海寇”之患中，由于它“直通河州之归德（今贵德），故西宁之受祸者，南川居多焉。”有名的“湟中三捷”之一的南川之战，就发生在马鸡沟峡口的申中滩。

门担峡

门担峡，位于湟中上新庄镇马场地界，南与马鸡沟峡为邻。门担峡是湟中大源、马场去贵德的便捷小路，当年人们步行驮载，常取此道。明代为防“海寇”之患，曾在峡中设置“峡榨”，战时可阻挡敌骑。峡榨即为在峡中最窄处的两侧峭壁上凿石成槽，嵌进巨木，形如门闩，俗称其为“门担”。门担峡最窄处仅略数尺，因此得名“门担峡”。门担峡峭壁上的石槽作为当年军事防御的历史实物，具有一定的文物价值，可惜在近20年里，为炸取石灰石资源，古迹已被破坏殆尽。

西石峡

西石峡，今湟源峡。《西宁府新志》称其为“戎峡”，因地处西宁正西方，史书上一般记为石峡、西石峡。又因峡处丹噶尔之东，湟源称其为“东峡”。西石峡西连丹噶尔盆地，东接西宁大西川，是西宁通往青海湖、海南、海西的最主要通道。西石峡20余里间，两侧高山耸立，湟水中流，白桦遍山，碧色连天，一片葱茏，是河湟谷地难见的一块翡翠般的土地。峡中有名胜佛尔崖，悬崖上古时雕刻有一组佛像，附近善男信女多来此膜拜，遂成为远近闻名的古迹。佛尔崖因“奇石佛形”而成为湟源古八景之一，清人张兆珪曾作诗咏此：“古佛悬形古不奇，苍苔点点染双眉；烟霞野卷容颜露，妙得天然造化宜。”

过佛尔崖，前面是骆驼脖项，这里路侧古柳遮道，眼前青山相迎。再前行，便是月牙湾。这里“壁立千仞，岗岭重叠，崖涧纵横，怪石巉岩”，《丹噶尔厅志》称这里“临河一湾，如锦屏环插，烟岚隐约，苍翠欲滴。”

附近崖面上刻有“海藏咽喉”、“山高水长”、“转危为安”等摩崖榜书大字，西石峡真可谓是一条“石刻走廊”。从此上下十里间，林海茫茫，目尽天际，石有虎踞狮蹲之势，水有龙蛇蜿蜒之变，“远岫烟雨，白云红叶，宛然画中美景也”，更有峡口南北古城，耸立峡南的戎峡山，真是一步一景，令人目不暇接。

巴燕峡

巴燕峡，古称木乘谷，地处湟源正西30余公里，全长约8公里，是海晏和湟源两地的分界地。发源于海晏包乎图山的湟水正源一路“招降纳叛”，汇众流经东大滩，穿峡而过。巴燕峡西通海晏金银滩，东连富庶的湟源盆地，山高峰险，崖岩错列，是药水道未通时有名的“藏大路”经过地。东汉章和元年(87年)，护羌校尉张纡与烧当羌迷吾在此决战，迷吾战败后求和。

药水峡

药水峡，起于湟源县城南的董家庄，直达日月山下，峡长约30公里，山势险峻，峡曲径窄，湍急的药水河自野牛山分水岭出发后，一路向北，奔流其中。重岩叠嶂的药水峡北通湟源盆地，南接日月山和贵德尕让峡，是西宁通往青海西部，玉树，进而去西藏、新疆的交通咽喉之地。因特殊的地理位置，唐初这里成了两军厮杀的疆场，大名鼎鼎的石堡城就在药水河东侧马鞍形的峭壁顶上。唐王朝在这一带还设有白水军、神武军（振武军、天威军）等军事据点，与设在西宁的河源军遥相呼应。药水峡由于山高路险，自古被旅客视为畏途，峡中石壁上镌刻有“山气水喉”、“劈山开道”等大字,形象地表明了药水峡的险峻和开发的艰辛。峡中清流蜿蜒，水随山转，风景如画。沿途还有东科寺、静房湾、宗家沟等闻名的人文景观和自然景观。

新城峡

新城峡，在大通桥头镇,《大通县志》中说:“(新城峡)去县(城关镇)南35里，东依元朔,西接金娥,中穿一道,扼以雄镇,是为新城。”由于这里两山(元朔山、金娥山)夹峙，二水中合，为西宁北部屏障，所以当局在此设兵驻防，筑有驻军城垣，号称“北川营”。清雍正三年(1725年)，为加强西宁地区防务，当局连筑大通、永安、白塔三城。永安城开东门，门洞上方大书“永安关”,人们为了和原北川营营地相区别,把它叫作新城，所以这儿长三四里的峡也就叫作新城峡。据《大通文物志》记载，背靠小石山,这里有上下两座城。上城城垣东西长约300米,南北宽约356米，城内原有内城，现已无存；下城在上城的右下方，呈三角形，东西长约310米，南北宽约280米，经近300年的雨雪侵蚀，现只存数段残垣。

宝库峡

宝库峡，原写作“拨科峡”，地处大通西北部，总面积达1100多平方公里，占大通全县面积的三分之一以上，今已改写为“宝库峡”。宝库峡起于海晏与大通交界处的克布图垭壑(牛头垭壑)，到新庄峡门为止，全长

63公里。它北靠大坂山，南对拨科山，峡内奇峰罗列，沟壑纵横，草场丰茂，森林密布，是全县最大的林区，覆盖率达28.6%。是西宁，甚至是我省有名的天然水源涵养林保护区，难以数计的长松翠柏、白桦青杨遮天蔽日，河柳沙棘成林，50多万亩天然乔灌林把这儿打扮成了一个翡翠世界。宝库峡青山如画，幽静清雅，尤其峡门“两山对峙，望之如门，树木扶疏，景色秀丽”；峡中的察汗河奇峰异石，幽林碧水，更是名扬全省，现已成为国家水利风景区。

宝库峡是西宁、大通通往祁连、门源，进而去张掖、河西走廊的必经之地。人们从峡门进峡，经五间房过南滩，然后上坡翻上大坂可去门源青石嘴。所以被人们称作湟水谷地与浩门河谷地的锁钥，当年这里亦设有军事据点——拨科卡汛。

瓜拉峡

瓜拉峡，位于大通桦林乡，西距县城30余公里。它北靠大坂山，左右两侧为东、西平顶山，西平顶山不平，主峰鸡冠山海拔3700米，是这一带有名的高峰。峡中有水，亦名瓜拉河。它发源于大坂山，在元墩子村与东峡水汇合，流向桥头镇。峡中有一村，也叫瓜拉大庄。峡中便道，当年也是去门源的重要途径，它蜿蜒盘旋翻过山顶，然后顺着大坂山北麓峡谷（俗称卡子沟）出山，通向门源县麻莲乡，便道翻山处即称中达坂。奇怪的是地图上北麓峡谷亦名瓜拉峡，山南山北峡谷同一名，这在我省地名中是不多见的。当年红军西路军兵败河西走廊，被俘红军被马步芳军押往西宁时，就是从这里经过的。

达坂峡

达坂峡，位于瓜拉峡东侧，在今大通向化乡境内。达坂峡西临东平顶山，东接蓝雀山（又名燕麦山），峡中有水，即名东峡河。东峡河发源于达坂山南麓的加满沟，顺峡而南下，在元墩子村与瓜拉河汇合，经朔北过东峡，在桥头镇流入苏木连河（即北川河）。达坂峡有路，当年的作用并不比宝库峡差。至今每当宝库峡路有事时，人们往往还常取此道去门源。此路沿达坂峡谷口左侧进山，半途中跨河过右侧，然后翻山到达门源县阴田乡。

大通东峡

大通东峡，因地处桥头镇之东而得名。东峡南侧为老爷山，北侧为牦牛山，中夹东峡河，东峡水即《水经注》中的养女川水，高峡深谷，林木阴森，就像基生兰先生所说："奔涛出峡疾如雷"，形势极为雄壮。它长不过四五里，但是大通去互助（过南门峡）、门源（过中达坂）的交通要道，而且这里有闻名全省的广惠寺、鹞子沟旅游胜地而广为人知。

黑林峡

黑林峡，位于大通城关镇西北 60 公里，多林乡境内。据《大通县志》记载，这里"两山壁立，中闪如门，二水交流，由西而入，是为蒙番交通要道。"不知是以峡命名，还是以水命名，水亦名黑林河。黑林河发源于海晏三岔草原，经青土垭壑后流入峡口，在峡中"挟众小水，绕县城（今城关镇）北，注拨科河（今宝库河）。”峡中两山夹道，一水中行，群峰似锥，高低错落，青绿交替，色彩斑斓。峡北阿石登峰海拔 4387 米，耸入云表。峡道内沙柳连片，黛色如烟，直逼远方。黑林峡是大通直接通往海晏的一条重要通道，从铁迈大坂至二卡子，长达 30 公里。由于地形险要，过去当局在这儿曾设有军事据点——黑林峡卡汛，派兵驻守，归白塔营管辖。

水　峡

水峡，古称金谷。位于娘娘山（金娥山）西端，湟中上五庄乡境内，东距省城西宁约 45 公里，过去是西宁通往青海湖地区的又一通道。《西宁府新志》就载:“水峡有直接通青海之路，海北蒙古出入内地，皆取道于此。”这里山峰险峻，峡谷幽深，森林面积近 4 万亩，600 多万株云杉、青杨、白桦生长在深谷峻岭之中。因发源于娘娘山的西纳川河（古称临羌溪水）从峡中流过，河岸上沙棘河柳绕堤，青松白桦争高，叮咚河水，清澈见底，清音传响，空谷留声。虽没有互助北山的恢宏气势，循化孟达的水秀山峻，但集青翠于一峡，揽秀色于一湾，自有清雅之趣。不知是哪位文人雅士起名为水峡，确实形象地概括了这里的地理环境。加之这里有在青海政坛上风云一时的马麒父子的“新街公馆”，1931 年 7 月马麒在这儿染病后去世。1949 年 9 月，解放军一军二师保卫科长李鸿恩率人在这儿接受马家军残部投降，马氏家族统治青海 40 年的历史，在此合上了最后惨淡的一页，因而使水峡更有了名气。

盘道峡

盘道峡，位于湟中共和镇。盘道，又称“折科”，盘道峡起于拉脊山的西北侧，在拉脊山北麓褶皱簇拥下，一直伸向湟源峡，到响河儿村东侧为止。峡东临共和镇，西靠药水峡，峡中桦林连山接岭，奇石嶙峋，芳草成甸，清流回环，景色十分秀美，被誉为高山牧场。峡中的东岔大河即《水经注》中的卢溪，卢溪沿峡北行，到下游时，人们又把它叫作磨河。

经纳峡

经纳峡，位于湟中西南 10 余公里。经纳峡呈西东向，起于大石门，左拥照壁山，右挽南佛山（西元山）。发源于青阳山的经纳水，经大、小石门，在桂林山水般的峡中潺潺流出。这里每当晴空万里，艳阳高照时，青山迎碧水，碧水绕青山，天光水色，令人流连忘返。每当轻雾四溢，峰露云间，时隐时现，青翠满目，山雾湿衣时，这里更是“钟声疑是空中落，泉影遥看树梢悬。”清雅幽静，似梦似幻，宛如桂林山水，不愧是湟中旅游景点中的王牌景点之一。

贵德峡

贵德峡，位于湟中上新庄南，在直翻拉脊山去群加乡的要道上。因为去群加，如果取道马鸡沟峡，还要绕道贵德县尕让乡千户庄，路途遥远。群加位于拉脊山南麓，自古是藏族群加部落居牧的地方。由于藏族同胞的保护，这儿松柏满山，奇花异草遍地，所以人们步行或单骑，走此比较便捷，翻山即是群加乡上圈村。

香沟峡

香沟峡，亦称直沟峡，是湟中什张加直翻拉脊山去群加乡的要道，也是人们步行驮载首选之道。峡中多处有泉水，冬日成冰挂，堪称一景，岩层奇石，俯仰皆是，最高处为白马梁，翻山也到群加乡上圈村。有人曾赋诗记过直沟峡的感受“穿越直沟峡，登临白马梁；遥望果石摘（拉脊山主峰，位于拉脊山南麓千户庄东），心仪山水间。”

黑沟峡

黑沟峡，位于香沟峡东侧，是西宁南面拉脊山中最东的一条峡。它北起湟中丹麻，经黑沟台，进峡翻拉脊山，是这里的群众去化隆县雄先乡的便捷山路。

铁骑沟

铁骑沟，本名曹家沟，位于西宁城东南山。因马步芳称赞他的骑兵在河西战役中作战英勇，特地将曹家沟改名为“铁骑沟”。据《西宁府新志》记载，明代西宁卫副总兵祁德、莫与京墓均在曹家沟。曹家沟流域属湟中原升平乡干旱山区，山高沟深，一年中除下暴雨偶发山洪外，平时难有涓水。1937 年，马步芳将河西战役中被俘的西路军红军战士中，年轻而体力好者 2850 人，编为“新编第二军补充团”，驱赶到省内一些地方修桥、修路。其中一部分修建小桥惠宁桥、昆仑中学，西路军将士完成修桥任务后，又被赶往曹家沟，为马步芳军队修建土营房 60 余处。

苦水沟

苦水沟，位于西宁市城东区南山，系南西山与大园山之间所夹的山沟。沟长约两公里，其下游又称瓦窑沟，方圆约 1.45 平方公里，地质结构为湿陷性黄土层，在历史上遭遇暴雨后多次形成泥石流，直接危及下游群众的生命财产安全。过去沟中偶有流水，但水质矿化度较高，水味苦涩，因而称之为苦水沟。20 世纪 30 年代河西战役结束后，苦水沟作为马步芳军队残杀西路军被俘将士的屠场之一，上演过血腥的一幕。据史料记载，1956 年西宁市人民政府收敛红军战士遗骨时，仅从苦水沟被洪水冲剩的“万人坑”中，就挖出烈士遗骨 200 多具。为了对年轻一代进行党史教育，苦水沟“万人坑”遗址是有历史价值的。

瓦窑沟

瓦窑沟，即苦水沟下段。清同治十二年（1873 年），陕西大荔县人赵春庆兄弟二人来青海，落脚西宁。兄弟俩由于擅长烧制青砖、青瓦、琉璃瓦等技艺，于是在苦水沟下游选址建窑，烧制砖瓦。由于质量上乘，很受用户欢迎。久而久之，人们称其地为瓦窑沟。民国三十七年（1948 年）8 月的一天，西宁暴雨如注，倾盆而下，山沟大川，洪水肆虐，寄居于瓦窑沟的贫民屋舍多被山洪冲走。

莫家沟

莫家沟，位于西宁南川总寨镇东侧的蹬土湾，原属湟中升平乡。后在撤乡建镇中，升平乡被撤销，一部分归入城中区，因莫家沟地近城南，故划入城中区了。莫家沟其实离市区并不远，沿宁果公路南行到总寨，拐东进蹬土湾，行不多远，只见路左有桥，过桥再前行，桥东侧另有沟，此即莫家沟也。莫家沟沟窄而长，一路缓坡，把你引向大山深处，上行至沟脑，方见阴坡有一占林，林木繁茂，一片黛色。林畔有数十家村民庄廓，高低错落，依山而居。

据史料记载，莫家沟的得名与西宁大名鼎鼎的莫氏家族有关。在元末群英争霸的烽火岁月中，安徽寿州人莫得投奔朱元璋，后在随军征战中，屡建功勋，朱元璋登上皇帝宝座后，莫得被册封为西宁卫世袭指挥佥事，坐镇西宁。据现存《古湟莫氏宗谱》中由晚清西宁著名书法家和诗人张思宪所撰写的序来看，西宁筑城时，莫得曾在长兴侯耿秉文的指派下，负责这一工程。因忠于职守、所筑墙体坚固而受到嘉奖，并恩准在城内选址建造莫氏府第，莫得所选地址即在今城内莫家街。200 多年后，莫氏家族传到莫与京这一代，莫与京升任西宁卫副总兵，达到了家族显赫的顶峰。

正如古人所说："福兮祸所伏，祸兮福所倚"，莫与京升任副总兵时，正是国家政局剧烈变化之际，东北的皇太极已改国号“后金”为“清”，挥兵南向，山海关一带烽烟不断；西北农民起义十三家七十二营已举行“荥阳大会”，直捣中原，明王朝东防西御，已处于朝不保夕的境地。莫与京上任不到 10 天，碾伯（今乐都）人黄澄等“聚结谋变”，以响应李自成起义，莫与京急忙率兵“驰往安抚”。事平后刚返回西宁，西川镇海堡（今湟中通海）马安邦又聚众起事，疲于奔命的莫与京又率部前去“征剿”。但部下同情农民起义军，且多是乡党亲戚，故“无意恋战，以致四散”，朝廷派来的监军以莫与京治军无方，临阵时“炮口朝天不向敌”的理由对他进行弹劾。在明末风雨飘摇中，只在副总兵任上坐了数月的莫与京旋被撤职。

莫与京去职后，家境遂衰，其后裔中的一支流落南川，最后落脚在湟中升平乡一山沟，后遂称其沟为“莫家沟”。莫家沟又名“靖边堡”，在过去战乱不断的年月里，这里确实是一处老百姓避难的好地方。从蹬土湾望去，人们很难发现路边的大山里还有个世外桃源一样的山沟，真是“初极狭,才通人,复行数十步,豁然开朗。”莫家沟极狭窄,沟中有泉，积水成潭，夕阳返照，满目苍翠，转念当年莫氏遗族经镇海堡一变，看破世态炎凉、宦海沉浮，来此幽境以耕耘为业，躲避世事纷扰，也算求得了一个身闲心静。

享堂沟

享堂沟，位于南川西侧，与水磨村隔南川河相望，因西祁土司祁肇周墓的原因，称为享堂沟。至于沟名“享堂”的来历，还得从600多年前明朝晋王朱㭎说起。朱㭎的妃子谢氏死后葬于金山，坟院地面设祭祀建筑，当时称为“孝堂”，后嫌“孝堂”名不雅，遂改为“享堂”。此后，达官贵人的墓园就称为“享堂”，有的渐渐成了当地地名，如李鸿章享堂、享堂峡、享堂桥、享堂小区、享堂新城等。据史料记载，明王朝对河湟地区的治理是在元代管理的基础上,实行“因其习俗,分其族属,官其渠魁”的政策。对各部落首领和宗教领袖分别授予指挥、指挥同知、指挥佥事、千户、百户等职衔，或国师、禅师等僧官职衔，让他们不仅承担原有的职责，还要招抚流亡、赈济饥民，协助中央平定叛乱。明王朝灭亡后，清王朝沿袭了这种管理办法，河湟地区的10多家土官先后受封土司。从某种意义上说，这些土司归附王朝后，多次应征平定边疆叛乱，招抚少数民族首领，为加强河湟地区各民族安定团结起到一定的积极作用。正如《清史稿》中所说：“青海土司有捍卫之劳，无悖逆之事。”对他们做出了积极的正面评价。西祁土司有一处家族坟园地处西宁南川烈士陵园对面山脚，第10代土司祁肇周就安葬在这里，其后人们绕墓而居，遂成为湟中总寨镇享堂村，村后的山沟也称享堂沟。默默无闻的荒山野谷享堂沟唯一一次引起人们注意的，就是1929年元月“尕司令”马仲英在那儿设伏，打死了300名孙连仲的国民军士兵。

沈家沟

沈家沟，又称长岭沟，位于西宁城西区沈家寨西。山沟深约四五里，夏秋季偶发山洪，水出沟口后又划地成沟，经原湟川中学（现西宁二中）门口流向省人防大楼东侧，拐向南川河。据《西宁府新志·地理·山川》记载：“唐刘元鼎使吐蕃出蒙谷，抵龙泉，则蒙谷在龙泉东也。”据专家考证，龙泉谷东的“蒙谷”指西门外由沈家寨沟（长岭沟）水冲刷所形成的沟。现长岭沟北侧山梁上建有“浦宁之珠”塔，旁即植物园，沟脑山巅即明代城西墩。20世纪八九十年代，长岭沟为青海省水利厅绿化责任区，亭台巧置，乔灌成林，风景宜人，现已成为国家水利风景区。

鸳鸯沟

鸳鸯沟，位于西宁城西彭家寨南。鸳鸯沟今人讹称为火烧沟，其实整个这条沟古称“鸳鸯沟”，火烧沟只是鸳鸯沟中一个村庄的名字。鸳鸯沟全长近 20 公里，沟脑在湟中的通宁路附近，即在湟中职校北约数百米处。鸳鸯沟是一个苦地方，自南而北，两山夹峙，高谷深沟，平时地面未有涓水。由于多年山洪冲刷，鸳鸯沟的洪水在彭家寨、刘家寨两村间的平地上划开了一条大沟，过去人称为“深沟儿”，然后撕裂了西川平整的土地，在苏家河湾村东北方向冲进了湟水。

鸳鸯沟是一个很古老的地名，早在清朝建国不久，分守西宁道陕西布政司右参议苏铣于顺治十四年（1675 年）仲冬修成的《西宁志》中，就记有明代在这里修筑的鸳鸯墩“鸳鸯墩，在城南二十里。”《西宁府新志》中，也有鸳鸯沟的名字。《西宁府新志·建置·堡寨》中说：“彭刘堡（即今彭家寨和刘家寨），附南十里鸳鸯沟火烧沟窑庄、狼沟窑庄。”“新东堡（即今湟中西堡乡东堡），附南三里鸳鸯沟李家窑庄、五里水滩窑庄。”“两其堡（即今湟中西堡乡两旗村），附南二里鸳鸯沟井家窑庄。”“赵家庄（即今湟中鲁沙尔镇赵家庄），附南三里鸳鸯沟何家窑庄。”“杨家寨，附南十五里鸳鸯沟井尔庄。”由此可见，鸳鸯沟是这条山沟的总名，火烧沟只是鸳鸯沟中一段的地名。经多次行政区划变化后，鸳鸯沟中狼沟以下归西宁市管辖，狼沟以上归湟中管理。其中，孔家窑庄和水滩窑庄已简称为“孔家”“水滩”，归湟中鲁沙尔镇管辖；

张李窑、鲍家沟、青山归湟中西堡乡管理。而火烧沟、井尔庄却改称为火西、火东，归西宁城西区彭家寨镇管理。

水槽沟

水槽沟，西宁西川山沟名。水槽沟在西川南山中，沟西侧为阴山。沟中平时没有涓水，但夏秋一遇暴雨，因沟脑流域面积大，常会形成山洪，咆哮的洪水冲向沟口，沟口右侧却是汉庄(史书上称为“旱台庄”)高地，洪水只得沿旱台北泄，奔向湟水。天长日久，旱台下形成一条长长的深沟，人称其为“涧沟”。涧沟西侧，是阴山经常年冲刷而形成的台地，很早就有人在此筑墙垒屋，形成村落，村落东侧由于临涧，所以史称“深涧堡”。《西宁卫志·堡寨》中就记有深涧堡的村名，说：“西川二十里有深涧堡，又五里为乌思巴堡（今堡子村）”，但现在已改称“张家湾”了。

蚂蚁沟

蚂蚁沟，湟中县城东侧山沟名，是连通南川和鲁沙尔、塔尔寺，进而去西川的必经之路。这里山呈红色，因干旱少雨，也许荒山里蚂蚁多的原因，被称为蚂蚁沟。而《西宁卫志》中却记为“骂雨沟”。顺南川大道经老幼堡西过桥，前面就是蚂蚁沟。当年蚂蚁沟长近10里，一直到湟中县政府处（时称下纳滩）才有人家。蚂蚁沟水库（今称“莲湖”）建于20世纪70年代。未建水库前，去鲁沙尔镇大路顺着沟底向前，然后过今西宁市卫生学校附近的小垭壑，三拐两折，才到有人处。沟两侧青杨成林，沙棘横生，顺沟沿坡，阴阴森森，一条沙土大路沿崎岖的沟底，在林莽中时隐时现。行人每过这里，总是提心吊胆，盼望能碰到一两个行人做伴，却又害怕碰到人。就像《水浒传》里的飞云浦一样，尤其夜半风啸、月暗星稀时路过这里，随着一两声鸱鸮声传来，会不由地倒吸一口凉气。

石灰沟

石灰沟，位于西宁西川阴山西侧，沟长约 10 公里，今属湟中西堡镇管辖。石灰沟古称“乌思巴尔沟”，过去是宗喀十三族中隆奔族的天下，其下辖的小族中有一支称为“乌思巴尔族”，就居住在这里，所以被称为“乌思巴尔沟”。

明朝初年，随着明军大举西进，河湟各族首领为了部落自身的安全，纷纷上表表示归顺。后隆奔族因每年向明王朝贡马 100 余匹，供明军防守边塞之用，首领札省吉尔伽被封为指挥佥事，下属乌思巴尔族头人张答里麻也被明成祖授予僧录司“左觉义”的封号。“觉义”是明王朝为了笼络民族宗教人士或部落头人的一种封号，明太祖时，“西番僧”星吉监藏曾到南京，落脚于玄武湖畔的鸡鸣山，后被朱元璋封为“右觉义”。据《明太祖实录》记载，洪武十八年（1385 年）建鸡鸣寺于山上，并让星吉监藏“别为院（于）寺西以居之，（允许他）结坛场，广施度济。”鸡鸣寺是明代南京八大寺之一，也是明成祖迁都之前留京藏僧主要挂锡之处。乌思巴尔族头人张答里麻能受封“觉义”名号，也是很不简单的。张答里麻受皇家封为“左觉义”名号后，大喜过望，于是选址筹建“左觉义官署”，右拥花园（今花园村）、羊圈（今羊圈村）和佛寺（今寺尔寨），再往南，有东、西堡围拱，真是雄踞一方，不可一世。虽皇家“恩宠日增”，但他不思为国“保境安民”，却称霸一方，勾结其他部落“骄蹇放恣”，侵夺其他寺院山园田地，窃取途经自己辖地的进贡财物，甚至招纳逃犯为僧。“官府欲捕获严惩，不料其逃往蒙古边境，继续为非作歹十余年”，公然反抗明王朝。后西宁卫土官李英“发其事”，率兵“捣其庐帐，张答里麻被磔死，籍其家。”此后，明王朝从江南征调数以千计的民户来西宁卫从事军屯和民屯，有的是举族迁移，有的是犯罪官吏和平民，一些人就在乌思巴尔沟地界安家落户，遂成村落。因有人在河滩捡拾石头煅烧石灰，人们遂称石灰沟。也许人们为了雅化，有时写作“实惠沟”。

条子沟

条子沟，位于西川南路韦家庄村南，属湟中西堡镇管辖。它东邻石灰沟，西与页沟为邻，沟深10余里。沟中有村，以沟名村，就叫条子沟，村民倚沟而居，村庄南北达数里。条子沟山高沟深，交通闭塞，干旱少雨，人们靠天吃饭。20世纪中叶时，山地里尚种有荞麦、糜子等稀罕的耐旱作物。近年村民已全部迁出深山，建宅于沟口、韦家庄村南平衍处。

打草沟

打草沟，位于马申沟与尕布沟之间。打草沟不深，过去这里因是荒山野沟，沟中高草密布，附近民众常到这里割草，以备冬天牲畜饲草而得名。打草沟由于东西邻近交通要道，沟虽浅但隐蔽，是最好的藏兵之地，在明代“湟中三捷”中，曾发挥了重要作用，对此《西宁志》中多有记载。另据史料记载，明万历二年（1574年），在西川乾河山、大小康缠、打草沟山等修完边墙（青海明长城），这里成为西宁西部重要的防线。

尕布沟

尕布沟，沟口位于国寺营村东侧。沟长仅10公里，起于大山脚下的木场村，经峦巴、苏尔吉、花勒城等，过山甲子到西川。沟中有小河，出沟后注入湟水，即《水经注》中所说的溜溪。20世纪50年代“大跃进”时，上级决定在尕布沟修建水库，湟中动员县内各公社派人，数百民工（其中包括一些妇女）以当时简陋的生产工具，人拉肩扛，在沟口筑起一条土筑堤坝，但筑成后，没有发挥任何作用。尕布沟内转嘴村西侧山坡上有古寺，即藏传佛教噶住寺，有些史料亦写作尕主寺、哈住寺。《西宁府新志》就记为“哈住寺，在城西五十里”，藏语称为“帕玉静房”。

羊圈沟

羊圈沟，位于多巴镇尚什加村北，它东临白象山，西与洛尔洞沟毗邻，得名于早时曾有人在沟中修筑羊圈，便于就近放牧，久而久之，人们遂称其沟为羊圈沟。羊圈沟高山深沟，沟口右侧山崖呈丹霞地貌，高达数十米，其上凿有佛窟，人称扎麻洞寺，藏语称“扎麻洞却西静房”，由塔尔寺却西活佛创建于清代，民国年间曾予整修。西宁西川南侧的石灰沟西堡村西的大山里也有一个羊圈沟，沟中有村，以沟为名，村名也称羊圈沟。湟中甘河滩镇坡家村东有一沟，叫马圈沟，因有人在沟中修筑马圈，便于就近放牧，久而久之，人们遂称其沟为马圈沟。

海子沟

海子沟，在西宁西川北侧。沿西宁西川北路西行，过朱家寨，就会看到北面有山口，这里就是海子沟的沟口。海子沟两山夹一沟，沟西侧半坡上有路，斗折蛇行，路侧多岔口。沟沟梁梁上分别有东沟、古城沟、甘沟、黑沟、沟脑、东沟脑、总堡、阿滩、万家坪、景家庄、顾家岭、海南庄、大有山等大大小小 21 个村庄。人们说，海子沟原来曾经有过“海”,《西宁府新志》中就记有这里的海叫“景沈海”，说“西川海子沟有景沈堡，所谓海子，当即指此。（景沈海）在县（西宁县）西，周一里，极深。”所以这里叫作“海子沟”，可是后来海子沟里没了“海”。

有“海子”的地方，我国南北都有，海子沟的所谓“海”，实际上就是堰塞湖。堰塞湖是由于火山爆发、地震、山崩、滑坡等诸多地质原因，造成山谷壅塞、河道截堵，所形成的湖就叫“堰塞湖”。如不及时加以治理，堰塞湖一旦溃决，将会给人民的生命财产造成极大的危害。

进海子沟沟口，东西两侧山高谷深，黄土高坡，一旦因多雨而土中含水超过极限，极易造成滑坡。我们可以想象，历史上因某种原因，大自然在这儿留下了一座堰塞湖（海子），于是就有了海子沟，也就有了海上、海南庄的地名。

瓜拉沟

瓜拉沟西宁北川山沟名，位于西宁城北旱坪山南侧。瓜拉沟深约 3 里，开口于小桥沈那遗迹西的台地上。瓜拉沟中无涓水，由于千百年洪水冲刷，沟底为深壕，两侧为荒坡，荒山野沟，平时无人迹。21 世纪初，国家修西（西宁）倒（倒淌河）一级公路，公路经瓜拉沟两侧山地，开掘了大西山隧道，瓜拉沟遂成为废土倾倒场。千万方黄土填平了过去人迹罕至的深沟，无用之地终于派上了新的用场。

刘家沟

刘家沟，位于西宁城北石头磊村西。刘家沟全长约 15 里。起于湟中海子沟乡薛姓庄，途中经顾家岭出北川，到王刘堡（今石头磊村），划地成涧，土崖高耸，是北川路上的一处险要地。民国初，为防治刘家沟洪水侵害，经巫人禳解，在王刘堡深沟边垒石成高垛，以镇水害，祈求一方平安，因此王刘堡改名为石头磊村。刘家沟沟口处现建有青海大学，沟内作为西宁市城市垃圾填埋场，深沟又派上了新的用场。

大寺沟

大寺沟，位于西宁城北林家崖村北。大寺沟沟脑起于互助蔡家堡乡后湾村，经吊柳湾出，直至西宁五一路。至于沟名的来历，还得从铁佛寺说起。

铁佛寺是西宁一座很古老的寺院，位于北山寺脚下平衍处。属藏传佛教宁玛派寺院。宁玛派是藏传佛教中历史最久远的教派，因该派僧人头戴红帽，所以又称为“红教”。明代诗人夏瓒就写有一首有关铁佛寺的诗：“西来铁佛倚嵯峨，铸得钟来圣绩多；地上轮菌含混沌，土中窨霱孰婆娑；海潮无响闻仙梵，月影飞光下素娥；安得六丁起潜伏，五更鲸吼震山河。”从诗中看，铁佛寺背倚嵯峨的北山而建，寺中有一口铁铸的钟，敲击起来，声震山河。铁佛寺后的北山里，自西而东有两条山沟，西边的山沟较小，东边的山沟深而宽，因寺命名，即称为大、小寺沟。

建寺历史悠久的铁佛寺到清雍正初年，由于该寺参与了环海蒙古族亲王罗卜藏丹津的反清活动，被一火化为灰烬。尽管铁佛寺消亡已经快300年了，但因它而得名的大寺沟至今仍然保留着原来的地名。

小寺沟

小寺沟，位于今北禅寺东侧。小寺沟呈西北转东南方向，长近三四里，沟脑止于城北大墩岭脚下。沟中辟有路，既可登土楼山顶，亦可盘垣直至大墩岭。至于沟名的来历，与大寺沟同因，亦与铁佛寺有关。

南　川

南川，又称那孩川、牛心川。《西宁府新志》载：“在县（西宁县）治南，又称那孩川、牛心川，其实一川也，今谓之南川。”南川，指从西宁凤凰山山脚下起，上溯到湟中上新庄镇上新庄村与阳坡台之间为止的川道，南北距近30公里，包括原来的沈家寨、总寨、上新庄三乡（镇）地域。南川川道开阔，土地肥沃。马鸡沟峡水、门担峡水二水合流后，纵贯其中，北宋时，赵隆在这里治沟渠，开荒垦地，得良田数百顷，自古以来是西宁周边主要农耕区之一。

南川自古是西宁南去黄河谷地、青海湖及海西、果洛的交通要道。作为捍卫西宁的南部屏障，史称“西宁之为祸者，南川居多也”，所以这里留下了像南川营、伏羌堡、清平寨、倚郭县、牛心堆、明长城等历史古迹，值得我们一一评说。

小南川

小南川，在大南川之东、拉脊山北麓，即原湟中土门关、田家寨、什张加、丹麻等乡所在地。与大南川相比，这里川道狭窄，沟壑纵横，唯独田家寨一带田土较宽。此川水源丰富，土地肥沃，环境优美，是湟中重要的产粮区。

小南川境内有不少历史古迹，如黄蒿台仙佛洞、岩岗寺、侍郎庙等。仙佛洞倚崖临河，垒石成院，尽管山门简陋，石径草封，但院中芳草如茵，引进的小水渠如线，蜿蜒其间。崖高数十丈，土红色的山崖在天地一碧的深山里，却显得格外醒目。崖下有数间殿宇，距地面五六丈的悬崖上，还有数间殿堂，屋檐间经幔翻卷，香烟缭绕，遍观四周，实在难觅登殿通道，原来秘密就在崖下殿堂内。进殿堂，穿小门，有楼梯直通高处。顺着“咯吱”作响的楼梯，上板阁，过悬桥，方可达崖上殿堂。原来崖上有洞窟，巧匠们依势设计，既有屋宇，又有走廊。站在离地数丈的悬崖上，凭栏远眺，眼前拉脊山山色如黛，峰岭相连，浮云若絮，横挂天际，真使人心旷神怡，展翅欲飞。俯瞰脚下，碧流蜿蜒，在偏西的太阳照射下，渠中银光闪烁，时隐时现。这里由于有一渠碧水，黄蒿台才有了灵气。仙佛洞看似道观，但又塑有佛像，佛道合一，看来仙佛洞之名倒是很符合实际。“丹壁千寻峻极天，三楹飞阁半壁悬”，其上殿凌空悬架，构思奇巧，加之地处深山，环境幽静，在青山碧水之间兀现出一座雕梁画栋的宗教场所，给这里平添了一处幽静雅致的人文景观。数百年来，仙佛洞声名远播，吸引着大、小南川及远处善男信女前来，也吸引着无数爱好远足、向往回归大自然的人们前来旅游观光。

侍郎庙大殿为砖木结构的单檐歇山式建筑，坐北向南，面宽 3 间，前开廊，脊中置宝塔、兽吻。进深 3 间，六抹四扇木板门，磨砖对缝马头墙，木雕花草彩绘。内右次间中为侍郎坐轿塑像，两侧为壁画。东西两侧厢房各 5 开间，为砖木结构的硬山式建筑。过庭 3 开间，前后磨砖对缝马头，六抹四扇木板门，内通间，砖木结构硬山式建筑。牌坊式灰砖拱卷山门，仿木斗拱灰瓦顶。按照庙宇建筑等级规定，档次是比较高的。庙宇院中间保存有一座清同治年建造的青砖幢式香炉 1 座，为六面攒顶式，香炉外壁遍饰砖雕画，造型玲珑，省内罕见，至今保存得较好，具有较高的文物价值和研究价值。

西川

西川，古称杀胡川、伯颜川。明万历《西宁卫志》记载：“杀胡川，在卫（西宁卫）治西，唐刘元鼎使吐蕃，至龙泉谷，西望杀胡川是也。”《西宁府新志》载：“在县（西宁县）治西，今谓之西川、伯颜川。”西川，指从西宁近郊的刘家寨、杨家寨起，到湟中多巴镇扎麻隆、国寺营为止的川道，东西长约 31 公里，包括西宁城西彭家寨镇、城北大堡子镇、湟中多巴镇的大部地域。西川川道开阔，土地平坦，沃土深厚，湟水纵贯其间，左右两侧有西纳川、大小康缠川等川道相辅，自古以来是西宁周边主要的农耕区之一。

西川路通青海湖，自古是羌中道和丝绸之路的重要连接点，这儿有青海最大的汉墓群，汉临羌县、临蕃城、明长城等历史遗迹都在这里。青海历史上有名的明代“湟中三捷”之一的西川之战和清初罗卜藏丹津之乱中的“镇海堡”之战也发生在这里。

西纳川

西纳川，是西宁西川南北两侧小川中最大的一条，川原开阔，土地肥沃，因古时是西纳族居牧地，所以向称西纳川。西纳族是西宁周边十三大族之一，它下辖十八小族，其香粮土地、住牧山场甚至包括西宁以西直至镇海堡、大小康缠、甘河多巴、云谷川、大小山峡等地。

西纳川长达 24 公里，它北通水峡，水峡又西通海晏，自古是西宁去海北的一条便捷通道。因出水峡，过金银滩，翻克列垭壑，便是甘子河、哈尔盖，距当年吐谷浑的首府、今铁卜加草原上的伏俟城也就不远了。

吐谷浑建国青海高原时，关陇和河西地区先后出现了许多地方割据政权，由于连年混战，使丝绸北路陷于阻绝，而丝绸南路青海道却为商旅和僧人的通行提供了极大方便。据史料记载，许多名僧就是通过南路去印度的。为此，吐谷浑在西纳川交通要道上修建了许多居落和旅肆，以供商旅住宿休息、补充给养、替换运力。西纳川脑的水峡山峰险峻，峡谷深邃，西纳川河流淌其间，两岸林密景幽，集青翠于一峡，揽秀色于一湾，自古是人们休闲时的游览胜地。尤其岁入中秋，这里苍岩挂丹，众树悬金，所以过去人称其峡为“金谷”，景色更加迷人。

云谷川

云谷川，亦名双龙川、乩迭沟，位于西宁西川北侧，西邻西纳川，东邻海子沟。沟从大堡子北的马家崖头始，直至娘娘山下，全长10余公里。娘娘山是湟中和大通的地理分界线，高峰耸立，常年云雾弥漫；山下白桦青杨，冉冉生烟。也许是山生云，云遮谷的原因，不知哪位文人雅士起了一个文绉绉的名字——云谷川。发源于娘娘山的云谷川水分东西两股，似双龙戏珠，纵贯全川，又不知哪个文人雅士起了一个威赫赫的名字——双龙川。乩迭沟、云谷川、双龙川，一沟冠三名，这在湟水谷地还是少见的。

进云谷川口不远，就是卡约村。这里因发现商周时期丰富的文化遗存而名闻史学界，被定名为“卡约文化”。1923年，我国考古工作者与瑞典地质学家、考古学家安德逊合作，在卡约村西北一公里处的潘家梁台地上，首先发现了这种古代遗存。这里的墓葬十分紧密，在不到两亩的地域中，清理出的墓葬竟达200余座，出土文物5000多件，包括夹沙粗陶罐、瓮、石器、骨器和铜器。卡约文化的发掘，为研究和认识中国古代文化提供了一个极为丰富、宝贵的历史资料，它集中地反映了青铜时代居住在青海河湟流域先民们的生产、生活状况。卡约文化主要分布于我省东部农业区及黄南、海南、海北等地，它是中原青铜文化的承袭和发展。它的发现，证明先民们早在史前时期就在青藏高原、河湟谷地繁衍生息，为丰富的中华文化宝库增添了新的内容。

云谷川中段，有村名刚察。数百年前刚察部落从西藏迁移到长江上游的果洛地区游牧，明正德四年（1509年）后，因故又迁往黄河南岸的达日朵云地区，即在今贵德到循化的狭长地域内。其间，族中部分人受亲戚引荐，或自谋生路等原因，流落到湟中县云谷川一带聚族而居，渐渐成为村落。为了不忘故族，仍以“刚察”为村名，并集资修建了“刚察寺”。后在书写的过程中，由于随意性，亦有写成“刚岔”。古老的刚察寺建于刚察村村西、娘娘山一条支脉的二级台地上，人称那里为“上、下拉加台”。这里山势奇特，从山脚上行，坡分五台，其中最大的第二台地上土地平阔，前临平川耕地和云谷川河，靠山面水，真是一块风水宝地。刚察寺历史悠久，也屡见于史册，如《西宁府续志·卷之四·田赋志》西宁县一章中就载：从实征仓斗粮中“内支刚岔寺、塔尔寺等共喇嘛两千二百四十四名，每名岁支衣单口粮一石六斗，共支粮三千五百九十石四斗。”经查史料得知，能由官府核发并岁支“衣单口粮”的寺院，一般是规模较大，得到官府认可的在籍寺院。可惜这一著名的寺院竟毁于清同治、光绪年间的河湟之乱。之后历经100多年雨雪风霜，废弃的刚察寺原址台地上当年筑屋痕迹仍在，墙垣纵横，佛殿、僧舍遗迹依稀可见，并遗留有一些柱础、屋脊吻兽之类的寺院遗物。

北　川

北川，又称车卜鲁川、干尔朵川、长宁川。《西宁府新志》载："在县（西宁县）治北，谓之车卜鲁川、干尔朵川，今谓之北川"，《水经注》称长宁川。川口起于西宁小桥北，直至大通新城峡，其间川道被称为北川，苏木连河纵贯其间。北川川原平展，土地肥沃，曾经孕育了河湟谷地重要的古代马家窑文化，著名的"舞蹈纹彩陶盆"就出土于这里的上孙家寨。这里是汉代赵充国屯田的主要地区之一，是河湟谷地最早开发的地区，汉王朝设长宁亭，后来设长宁县的地方，最早纳入了中原王朝版图。

北川是西宁连接河西走廊的主要通道，是丝绸南路上重要的一段，我国古代许多名僧经过这里，远赴天竺求经。中亚商人通过这里，为加强东西方贸易往来做出过重要贡献。北川也是经常发生战争之地，收复河湟谷地之战中立下赫赫战功的高永年，就是死在北川的宣威城。

养女川

养女川，古川名，今大通东峡乡地域。川中有水，即大通东峡河。《水经注》中说："水发养女北山，有二源，皆长湍远发，南总一川，径养女山，谓之养女川。"养女川起自元墩子，直至桥头镇东峡口，绵延数十里，土地肥沃，乔灌满山，绿荫遮地，村桥原树，更有藏传佛教寺院广惠寺、鹞子沟等林区，是青海有名的风景区。

燕麦川

燕麦川，古川名，位于今互助南门峡乡。《西宁府新志》载:“燕麦川,在卫(大通卫)东六十里，卫民耕种其间，路通宁邑（西宁县）威远营闇门（互助地区时属西宁县)。”南门峡地形险要,“两山壁立,中有通衢。”燕麦川，历史上这里曾是西宁县与大通卫的分界线。明代“海寇”之患中，燕麦川多次遭到焚掠,明守备郑晓和兵备佥事万世德都曾率明军在这里与“海寇”作战。为了加强西北边疆防务，明穆宗朱载垕听从总制延绥、宁夏、甘肃三镇军务的杨一清建议,下令大筑边墙,“其制小于长城,以便守御。”由于工期紧，参与修建的除西宁卫民户外，驻防明军也参与了修建，于隆庆六年(1572年)竣工。遥想当年，这里边墙高筑，墩台相望，旌旗招展，刀矛如林，作为阻挡外敌的军事要塞，充满着一片肃杀气氛。据史料记载，明朝时这里“边墙之外，皆属龙荒”，“一堵土墙分作界，千屯毳帐合为邻”，金人望的诗形象地描绘了当时这里的景况。

当年燕麦川因“只产燕麦饲马，故名。”但到清代乾隆年间时，已“生齿日繁，渐犁锄矣。”西宁道佥事杨应琚说:“边墙之外，多有良田，百年之间，村落相连，牛羊遍野。”可见那时的燕麦川已得到了较好的开发。

东　川

东川，因地处西宁之东而名东川，原指东稍门外一直到小峡口之间的川道。东川尽管面积不大，但作为西宁城的东大门，湟水纵贯其间，土地平坦，川道开阔，史载古时东亭、汉将营都在这里，是赵充国屯田湟中的主要地点之一。明代青海名将柴国柱曾驻守东川湟水北，留下了柴小庄、柴家桥、柴园等历史古迹，明清时供驻军操练的大演武场就设在这里。尤其民国时期，东川建起了马氏集团的乐家湾军营和飞机场，在青海近代史上留下了深深的印记。东川作为西宁近郊之地，大名鼎鼎的南凉康王墓、明西宁副总兵莫与京墓、晚清西宁名士来维礼墓、烈女坟等都在这里。1949 年 9 月 3 日解放军先头部队占领飞机场，揭开了西宁解放的序幕。

凤凰墩

据《西宁志·兵防志·烽墩》记载："凤凰墩，城南五里。"凤凰墩就坐落在西宁南山寺后的山顶上。从拉脊山逶迤北来的赭红色山脊上，末端一峰突起，人称"凤凰台"。近年一些耆老的回忆文章中，也说 20 世纪前半叶，凤凰台上的土墩仍在。1985 年 5 月，政府出资曾在那儿修建了一座三层楼阁式亭子，雕梁画栋，牌匾高悬，石栏回廊，定名"凤凰亭"。只要登亭四望，"田分万井村高下，烟点三川树纵横"，古城全貌，三川风烟，尽收眼底，不愧是古城人们登高望远、游目骋怀的首选之地，后因地基下陷而被拆除。今又建起一座风帆状的建筑，景区名曰"凤凰台"。每当夜幕降临，建筑物上华灯放光，真如珠挂南山，晶莹剔透，已成为西宁地标性的建筑之一。

城西墩

据《西宁志·兵防志·烽墩》记载:“城西墩，城西五里。”城西墩所在地，仍保持着当年的山头原貌。原址即在今城西西山湾后的山顶上，那里经多年绿化，已经杂树满山，浅绿深翠，笼罩谷壑。起伏不平的山梁上，却有一峰似锥，独傲四邻，只要你稍加留意，是不难发现它的，此即当年城西墩所在地也。

城西墩所在地的峰顶呈“丫”字形，东西两山包之间有一深四五米的沟壑。因沟壑呈西北转东南方向，所以站在城区是看不清楚的。由于人为的原因，两山包的顶部已平整为直径六七米的圆形台地，东侧山包稍高，平台上竖有铁三角架，台地中心注有标高的标志，当年有名的城西墩即建在这里。站在台上，迎着呼呼作响的山风，西宁东南西北川一览无余。恐怕西宁四周的烽墩中，能一眼望见四个川道的，只有城西墩了。主峰南侧较平缓，有盘山公路绕过峰口到达这里。城西墩南侧是有名的长岭沟，山坡上是水利厅修建的长岭公园，林木荫翳，长亭短台，隐约其间。与长岭公园隔岭而居者，是西宁植物园。峰西侧山岭起伏不大，逶迤西去，直连着火烧沟东侧大山。如今这里已成为登山爱好者的乐园，多少“不到长城非好汉”的人们，或迎着晓星，或迎着晨光，精神抖擞地来到这里，他们或许不知道这里就是曾经有名的城西墩。

城北墩

据《西宁志·兵防志·烽墩》记载:“城北墩，城北一十里。”城北大墩岭上筑有一座烽墩，它就是有名的“城北墩”。它与北线最远的李茂轻墩（距西宁 100 里）等联为一线，以威远堡为枢纽，传递着北面的敌情。“海寇”之患结束后，西宁周边烽墩的守瞭军裁撤，烽墩也随之失去了其防御功能，城北墩只作为一个高耸的土台，端坐在北山之巅，打发着寂寞的岁月。一则其高，二则远离市区，数百年来人迹罕至，因山顶有大墩（墩台），人们渐渐以“大墩岭”命其地，至于为何称“大墩”，没有人深究过它的来历。

20 世纪 80 年代中期，人们保护环境的意识也逐渐加强，南北山绿化问题摆在环保的首位，各大厅局落实责任，分片包干，省建设厅承担了大墩岭的荒山绿化任务。经几十年的努力，光秃秃的大墩岭终于披上了绿装，更有隐约楼台，时显云端。加之山腰其他厅局承担绿化区的建成，终于使干涸、荒凉的大山盖上了一抹绿色。至于早已结束使命的城北墩，在绿化与整修过程中已消失得无影无踪。

鸳鸯墩

据《西宁志·兵防志·烽墩》记载:“鸳鸯墩，城南二十里。”鸳鸯墩是迄今保存最好的烽墩之一,之所以起名“鸳鸯墩”,因墩的西侧即是有名的鸳鸯沟。鸳鸯沟是一条南北走向的山沟,起于今湟中通宁路附近的湟中职业学校,止于今海湖新区的彭家寨，全长约 20 公里。全沟属浅山地区，干旱缺水，因而沟中有当年以吃窖水闻名的火烧沟、狼沟等苦地方。平时沟中未有涓水，但夏秋季节偶遇暴雨，由于山高沟深，地域较大，常会突发山洪。千百年来，突发的山洪裹挟着泥沙，冲出沟口，因而在彭家寨村东形成一条宽大的沟壕，人称“深沟儿”。只要登上鸳鸯墩，除东、西川外，西宁南、北川一目了然，它和南川中岭墩、孤山尔墩、骂雨沟墩连成一线，监视着西宁南部的情况。

乾河墩

据《西宁志·兵防志·烽墩》记载:“乾河墩，城西七十里。”伯颜川墩正南，是大康缠的乾河川和罕东川，那里即是明代达云、柴国柱大战“海寇”的地方。乾河川正中、大路东侧群山之中一峰突起，独傲四邻，山西侧村庄的人称其为“大墩岭”，山东侧村庄的人称其为“东尖岭”，登峰一望，视线开阔，西宁以西数十里山川如在脚下。山顶也筑有一土墩，此即“乾河墩”也。

近年，有关单位在调查青海明长城时，在书中提到乾河墩，说远距乾河墩近 10 里的黄鼠湾山上的土墩是乾河墩，这是不对的。黄鼠湾山上的土墩远在边墙之外，且山低矮，视界不宽，不但起不到战时瞭望警戒作用，而且远离军事防线，战争中守瞭军自身安全也难保。乾河墩今已毁，作为小区域山区综合治理的典型，在墩东侧湟中西堡乡丰台沟村的治理下，墩下早已被绿树缠绕，青螺翠黛，风景十分诱人。

骂雨沟墩

据《西宁志·兵防志·烽墩》记载:“骂雨沟墩，城南六十里。”骂雨沟即今湟中县附近的蚂蚁沟。蚂蚁沟是南川去鲁沙尔镇、塔尔寺，进而去西川的必经之路。这里山呈红色，平时干旱少雨，盼雨心切的人们诅咒老天，也许这就是“骂雨沟”的由来；也许是荒沟里蚂蚁多的原因，称为蚂蚁沟。

骂雨沟墩就在蚂蚁沟水库南的山梁上，至今仍保存较为完好，残高 8.5 米，底部平面呈梯形，东西壁长 10.3 米，南北壁长 7.7 米。这里地势高耸，视界开阔，它与晴天丽日为伴，在林木冉冉、碧水涟涟的映衬下，展示着远去历史的苍凉与悲壮。

孤山尔墩

据《西宁志・兵防志・烽墩》记载：“孤山尔墩，城南七十里。”孤山尔墩今尚在南川孤山尔上，残高 3.7 米，底部呈正方形，边长达 8 米，北距西宁 32 公里。墩台旁修有一间小屋，屋前植有几株青杨，树间悬挂着经幡，在随风摇曳，以往通报敌情的烽墩早已变成了祭祀山神的小庙。你千万别小瞧了这座小山，这座独立于旷野之中的小山便是屡见于我国正史中的“牛心堆”，但当地人却俗称其为“孤山尔”。因山名墩，史料中记为“孤山尔墩”。孤山尔因其山形独特，古人形象地起名“牛心堆”，真是惟妙惟肖，令人叹为观止。川以山为名，南川古称“牛心川”。

明万历二十三年（1595 年），蒙古永邵卜部出捏耳朵峡欲攻南川，孤山尔墩守瞭军发现后提前告急，兵备按察使刘敏宽等督军迎战，牛心堆前刀枪交错，杀声震天，“飞丸疾矢，运荡山谷。”据刘敏宽亲撰的《湟中三捷记》载，十二天后，他亲至湟中，尚见“南川战垒，积尸交横，膏血俱殷，”致使刘敏宽的乘马“惊逸不服乘。”“天阴月黑多磷火，七百游魂哭战场”，逼真地刻画了牛心堆前尸横遍野的恐怖场面。清雍正元年（1723 年），在青海蒙古亲王罗卜藏丹津发动的反抗清廷的战乱中，牛心堆前又上演了血腥的一幕。

王沟尔墩

据《西宁志·兵防志·烽墩》记载：“王沟墩，城南一百里。”王沟尔墩，在湟中土门关乡王沟尔村北的大墩岭上，山梁东南侧为王沟尔，西北为扁担沟。墩体残高 5.5 米，底部 7.5 米。当年，它与柏杨沟墩、匾道沟墩、大桦坡墩一起，守护者南川一线的安全。

匾道沟墩

据《西宁志·兵防志·烽墩》记载：“匾道沟墩，城南七十里。”匾道沟墩在湟中土门关乡后沟村南 3 里处的山梁上，从墩下向东 2 里许，即是匾道沟沟口。墩台残高约 5 米，南壁长约 3.8 米。

大桦坡墩

据《西宁志·兵防志·烽墩》记载：“大桦坡墩，城南八十里。”大桦坡墩位于湟中上新庄镇上新庄村十一社南面的大桦坡上，南对贵德峡，西南方对马鸡沟峡，西距南川河仅一公里，与阳坡台村隔河相望。墩台残高约 7.5 米，由于特殊的地理位置，只要上述两峡一旦有敌情，便可及时报警，尤其与地处平川的孤山尔墩联系最为便捷。

花园墩

据《西宁志·兵防志·烽墩》记载："花园墩，城西四十里。"花园墩位于湟中西堡镇佐署村西南3里处的山梁上，墩台残高4.3米，底部呈长方形，南北长8.1米，东西宽7.3米，东距西宁约17公里。此墩地势高耸，登墩一望，视野开阔，多巴白象山巅的伯颜川墩、乾河墩清晰可见。

伯颜川墩

据《西宁志·兵防志·烽墩》记载："伯颜川墩，城西五十里。"伯颜川中的多巴地区自古是个有名的地方，它背靠白象山，前临湟水河，北通西纳川，南连乾河川，靠山面水，三川汇聚，土地肥沃，东汉时就在那里设立临羌新县。后来是唃厮啰的林金城，林金城由于音转之故，史料中记为历精城、林檎城、临谷城。据马甘先生考证，唃厮啰第二代首领董毡的母亲曾率部镇守林金城。北宋徽宗崇宁元年（1102年）王朝军队攻打青唐城，崇宁三年（1104年）四月十二日，"王师入青唐城（今西宁），十三日复林金城"，在改青唐城为"西宁"的同时，改林金城为宁西城。从以上这些点滴史料中，可以看出历史上多巴地区的重要。

因特殊的地理位置，明代在山顶筑有"伯颜川墩"，以监督西川南北敌情。数百年来，伯颜川墩一直矗立在山顶，当通报敌情、传递消息、加强防御的功能消失后，生活在这里的后人们也忘却了建它的初衷，在墩旁栽树挂红，成为祈求风调雨顺的地方了。直到20世纪六七十年代，人们尚可见到那里饱经风霜的大墩和枝丫婆娑的"神树"。

随着多巴体育训练基地的建设，这里已成为运动员登山训练时休息之地，大墩处建有红色屋顶的游廊，“之”字形的登山晨练道将会把你引向当年守瞭军戍守之地。

老掣山墩

据《西宁志·兵防志·烽墩》记载：“老掣山墩，城西七十里。”老掣山墩位于湟中拦隆口镇民联村北的大墩梁上，西望拉沙峡口，墩台残高 5.3 米，底部呈正方形，边长 6.6 米。老掣山墩地处西纳川，扼水峡和拉沙峡要紧处，并与伯颜川墩遥相呼应，守护着这一带的安全。

班沙尔墩

据《西宁志·兵防志·烽墩》记载：“板撒儿墩，城西七十里。”“板撒儿”即班沙尔，今湟中甘河滩镇班沙尔村。此处青海长城从村西北四方坡南下，过红岭儿，直至村前。村前建有至今青海尚存的唯一闇门（称大闇门），然后赴海马泉，登狼扯坡。因班沙尔地处平衍，不宜建墩，故班沙尔墩建在西北侧附近的李九村西面的山梁上。墩残高 3.5 米，整体呈覆斗状。它与乾河墩、风堆墩一起，防御着门担峡、大磨石沟峡一线。

风堆墩

据《西宁志·兵防志·烽墩》记载:“风堆墩，城西七十里。”估计墩台在今鲁沙尔金鳞山顶，即上狼扯坡山顶。因青海西部长城烽火台自第四沟墩起，与哈尔卜墩、小康缠墩、大康缠墩、乾河墩、班沙尔墩互相关照，连成一线。但东面隔着金鳞山，难以与东面的蚂蚁沟墩互通信息，一遇战事，烽火难传。站在金鳞山山顶，蚂蚁沟、乾河、大源一带皆在脚下，是理想的建墩之地。原来金鳞山顶也有墩，但在后来的山地治理中被平毁。

大康缠墩

据《西宁志 · 兵防志 · 烽墩》记载：“大康缠墩，城西八十里。”大康缠墩位于湟中汉东镇李家庄村西山梁上，墩台残高 5.85 米，底部南北宽 6.8 米，东西宽 6.4 米，呈覆斗状。

小康缠墩

据《西宁志·兵防志·烽墩》记载:“小康缠墩，城南一百里。”小康缠墩位于湟中共和镇下马申村西山梁上，墩台残高 7 米，底部平面呈正方形，边长 .3 米。东距西宁约 39 公里。

第四沟墩

据《西宁志·兵防志·烽墩》记载："第四沟墩，城西一百里。"第四沟墩位于湟中共和镇转嘴村二社北的山顶上，墩台残高 3.5 米，台体底东西长 11 米，南北被土掩埋不详。

哈尔卜墩

据《西宁志·兵防志·烽墩》记载："哈尔卜墩，城西一百二十里。"哈尔卜墩位于湟中共和镇王家山村三社（虎家湾）南大墩岭上，墩台残高 5.9 米。由于地势高耸，视野开阔，西面尕布沟，西南盘道沟等处设有峡榨，地理位置十分险要。

水

湟　水

湟水，黄河上游主要支流之一。源出海晏县包乎图山，东南流，经金银滩、下巴台，在巴燕峡进入湟源地界。然后流经湟源，汇合药水，穿西石峡，在佛儿崖东侧进入湟中地界。然后纵贯西宁市，聚北川河、南川河、沙塘川河，出小峡，再经互助、平安、乐都、民和，在下川口沙河湾村出省，至甘肃达家川入黄河。湟水所经过的西宁地域都是富庶的川水地区，川地开阔，灌溉便利，田亩纵横，阡陌相连，人口集中，交通便利，被描绘为“夹岸松篁，宛如荆楚。”湟水是湟水谷地的母亲河，湟水流域是青海最早开发的地区，自古以来，它孕育了包括“卡约文化”在内的古代文化，为河湟谷地的发展，进而为青海经济社会进步做出了巨大贡献。

扎藏寺沟水

扎藏寺沟水即莫尔吉河。《水经注》中说：“湟水又东，右控四水，导源四溪，东北流注于湟，……而东入经戎峡口，右合羌水”，戎峡指西石峡，即今之湟源峡。上述四水指湟源县境内的扎藏寺沟水、上纳隆沟水、大华拉拉口水、小南乡波航水等诸小河。据《丹噶尔厅志》记载，扎藏寺沟水即莫尔吉河，源出城（丹噶尔城）西 40 余里塞外，莫尔吉喇嘛托亥山根，东北流至扎藏寺北转嘴子地方入湟水。

上纳隆沟水

上纳隆沟水，湟水上游支流。据《丹噶尔厅志》记载，上纳隆沟水，源出城（丹噶尔城）西 30 余里的巴燕吉盖庄庄脑的大山根，东北流至上纳隆沟沟口，北注于湟水。此水有三源，其中源为哈拉河，在簸箕湾和铧尖汇合后，经石坡湾出纳隆沟入湟水。

拉拉口水

拉拉口水，湟水上游支流。据《丹噶尔厅志》记载，源出城（丹噶尔城）西南 30 余里的黄茂儿滩雪山根，流经窑洞、三条沟，出拉拉口庄，东北流至李大庄南，入湟水。

波航水

波航水，又称大纳隆河、小南乡河，湟水上游支流。水出自恰合日山下的石崖湾，流经狼湾、南岔、波航、纳隆，出纳隆口，在湟源城南入湟水。

药　水

药水，又名羌水，湟水上游支流，即湟源大南乡药水河。《水经注》中说："东入经戎峡口，右合羌水，水出西南山下，经护羌城东，东北流，注于湟。"《西宁府新志》中记载："羌水，出县（西宁县）治西南，经临羌故县，东北流入湟水。"羌水，今之湟源南乡药水河，为湟水上游较大支流。水发源于日月山南侧野牛山本康村附近，沿途汇集哈城农场西侧小溪、若药、寺滩、宗家沟、大茶什浪、小茶石浪、白水等诸小河，在湟源城东南附近注入湟水。若药、寺滩、宗家沟等小河，均源出日月山北麓；白水源出华石山北麓。

白水河

白水河，药水河支流，源出青阳山（《丹噶尔厅志》记为翠山、华石山）北麓。水有二源，东源出自山麓草甸，水流较缓；西源出自山岭之下，流经处高台叠瀑，浅潭连珠，会合后西北流30里，至茶曲庄入药水。由于山场开阔，为古时牧马营处，途中西南侧有著名风景区静房湾。

磨河水

磨河水，又名卢溪，湟水上游支流。《水经注》中说："湟水又东，卢溪水注之。"《西宁府新志》中记载："出县（西宁县）治西南卢川，东北流注湟水。"卢溪，今湟源东峡响河村东的磨河。磨河发源于华石山北麓，北流经湟中盘道（折科），在湟源峡铁路天桥西侧不远处注入湟水。磨河流经盘道峡,现建有“盘道水库”。峡中青山绿水,芳草萋萋,被誉为西宁的“高山牧场”。

大黑沟水

大黑沟水，湟水上游小支流，出自丹噶尔北、八宝山东的黑沟内，在西石峡中南流入湟水。大黑沟北通拉沙峡，沟内风景秀丽，环境幽静，为人们所称道。

尕布沟水

尕布沟水,即溜溪,湟水小支流。《水经注》中说:“湟水又东,右合溜溪、伏溜、石杜、蠡四川，东北流注之。”《西宁府新志》中记载:“溜溪，在县（西宁县）治西临羌新县故城西南，又东北流入湟水。”溜溪，发源于湟中共和镇的小河，北流经山甲子，出尕布沟后注入湟水。为了利用尕布沟水，20 世纪 50 年代末，湟中举西部几个公社民工之力，在沟口筑起水坝，欲灌溉农田，但筑成后因种种原因，弃置未用。

马申沟水

马申沟水，即伏溜水，湟水小支流。《西宁府新志》中记载：“在临羌县，东北流，注湟水。”伏溜水，发源于湟中维新乡的小河，北流经转嘴子，出马申沟后注入湟水。藏传佛教寺院噶住寺就在途中西侧山上。

汉东川水

汉东川水，即石杜水，湟水支流。《西宁府新志》中记载：“在伏溜川东，东北流注湟水。”石杜水，发源于南佛山北麓的小河。水有两源，东支发源于南佛山北麓的占林村，流经孙家窑、甘家、田家庄等村；西支发源于大小磨石沟，流经大才、羊毛等村。两水汇合后经汉东堡、扎扎、拉布尔、李家庄，过通海（镇海堡），北注湟水。汉东川南以朔屏台为屏，雪岭如画，川道开阔，土地肥沃，渠沟纵横，是湟中有名的产粮区。

甘河水

甘河水，即蠡川，湟水小支流。《西宁府新志》中记载：“在石杜川东，东北流注湟水。”蠡川，发源于湟中大小石门的经纳水，经纳水经南佛山与照壁山夹峙的经纳峡，清流蜿蜒，一出大牛圈，迎面便是砂石累累的荒滩，经纳水一下变得羸弱了，直到坡家营才探出头来。然后经甘河、甘沟门，在双寨村东侧注入湟水。20多里间，荒滩相望，涓水难存，因而留下了“干河沿”、“干河滩”、“干河”、“干沟门”等让人心酸的地名。两侧的山湾里，些许还有些绿色，成了那年月牛羊眷顾的地方，因而留下了“帐房湾”、“赶牛路湾”、“大牛圈”等地名。

20世纪50年代末，在川道中的黄鼠湾修成大石门水库，引进经纳水，川道中的旱田一下成为水地，麦田菜地，青色满目，真可与东西两侧的汉东川、石灰沟相媲美了。

石灰沟水

石灰沟水，即龙驹川水，湟水小支流。《水经注》中说："湟水又东，龙驹川水注之。"《西宁府新志》中记载："水出县（西宁县）治西南山下，北流注湟水。"龙驹川水，今湟中西堡镇的小河。发源于班沙尔附近的大片湿地，有名的海马泉也是其水源之一，一路经河湾、葛家、两旗、东西堡、新园堡、寺尔寨、羊圈、花园，在佐署村附近注入湟水。石灰沟水流域土地肥沃，田亩相连，村落相望，是湟中一处富庶之地。

西纳川水

西纳川水，即临羌溪水，湟水重要支流。《水经注》中说："左会临羌溪水，水发新县（临羌新县）西北，东南流，历县北，东南入湟水。"《西宁府新志》中记载："发故临羌新县西北，经其县北，东南入湟水。"临羌，古县名，西汉置，初设在湟源南古城，不久移至湟中湟水南岸的通海，再移至北岸的多巴后，称临羌新县。临羌溪水，今湟中西纳川河，发源于娘娘山南麓，流经上五庄镇水峡（史料记载其地为"金谷"），再流经富饶的拦隆口镇，在黑嘴尔村附近南流注入湟水。西纳川水经过地，川原开阔，土地肥沃，是湟中著名的产粮地。

李家山水

李家山水，湟水小支流。发源于娘娘山麓南，流经乩跌沟（又称云谷川、双龙川），《水经注》漏载此水。今山下建有李家山水库，人称"云谷川水库”。因水分两叉，因而此川又称“双龙川”，沟中卡约村潘家梁发现新石器时期的文化遗存，命名为“卡约文化”，因而声名大振。水出沟，在西宁市大堡子附近南流注入湟水。

北川河

北川河，又名长宁水、苏木连河，湟水重要支流。《西宁府新志》载：“三水总汇，从水洞入，名为北川河，即苏木连河也。”北川河汇总黑林河、宝库河、斜沟水、东峡河、晋阳河、五峰山河等，水量充沛。南流经新城、长宁，在临城之刘家河湾（今人民公园）对岸汇入湟水。北川河全长 154 公里，流域面积达 3371 平方公里，川道开阔，土地肥沃，自古为人类活动之地，有不少新石器时期的文化遗存。

黑林河

黑林河，北川河主要水源之一，位于大通青林乡境内。《水经注》中将此水称为“晋昌川”。说:“湟水又东，长宁水（北川河）注之。水（北川河）出松山，东南流经晋昌城，晋昌川水注之。长宁水又东南，养女川（大通东峡）水注之。”史料记载，晋昌城，故城址位于今大通城关镇北毛家沟至寺嘴一带依山而建的“杨家城”。城基及城门遗迹至今仍依稀可辨。估计此水即黑林河。黑林河发源于海晏县三岔草原，经青土垭壑后入大通黑林峡，汇入阿石登沟水等后，经柳林滩、全家湾、多林，在城关镇附近汇入宝库（拨科）河，成为北川河的主流。

宝库河

宝库河，北川河主要水源之一，位于大通宝库乡境内，史料中记为“拨科河”。宝库河发源于达坂山南麓开甫托山过拉垭壑，全长63公里，流域面积达3200公顷，拥有天然灌、乔木林50多万亩，森林覆盖率达28.6%。途中汇入察汗河、皮条沟水等10余条山间溪流，流出峡门堡后，与黑林河合流，向南流约20公里至桥头镇。汇合大通东峡河（养女川水），通称北川河。

斜沟水

斜沟水，北川河水源之一，位于大通斜沟乡境内。发源于娘娘山北麓的柏木沟大垭壑，经上下窑洞庄，河滩、大小业坝，出沟在业坝台附近与宝库河汇合，称为北川河。

东峡河

东峡河，即大通县东峡河，北川河主要水源之一。水有二源，南源即向化乡达坂峡中阿尔滩达坂泉水，北源发源于桦林乡瓜拉峡，两水西流，在元墩子村附近汇合西流，经数十里，在桥头镇注入北川河。途经著名的藏传佛教寺院广惠寺和鹞子沟风景区。

晋阳河

晋阳河，即大通景阳乡小河，北川河水源之一，发源于娘娘山南麓中岭西北。东流经甘树湾、景阳苏家堡，出沟东流注北川河。关于此水，《水经注》中说："长宁水又东南与一水合，水出西山，东南流，……其水东南经长宁亭南，东入长宁水。长宁水又东南流，注于湟水。"

五峰山河

五峰山河，北川河水源之一。《西宁府新志》载："平谷，在县（西宁县）北八十里的五峰山下，两溪交流，草木畅茂。"古时，五峰山地区称为下马圈，周边松林密布，明代万历年间刘敏宽曾在此伐木炼铁。由于山间泉水众多，其间许多泉水被清代西宁道佥事杨应琚命名为澄华泉、裂石泉、隐泉等。泉水下流，逶迤成河，人称五峰山河。河水西流，经干沟门注入北川河。

南川河

南川河，又称麒麟河、牛心川水，湟水支流之一。发源于拉脊山北麓，汇合门担峡水、峡门水等，至西宁市区省党校东侧注入湟水，全长 49 公里，流域面积达 398 平方公里。

马鸡沟峡水

马鸡沟峡水，南川河主流。发源于拉脊山北麓，途中汇合倒仰沟水出峡。《水经注》中说:“湟水又东,牛心川水注之。水出西南远山(西南远山即指拉脊山),东北流,经牛心堆(指南川申中村附近的孤山尔)东,又北经西平亭西,东北入湟水。湟水又经西平城北。”牛心川水即今南川河,又名麒麟河。南川河有三源,中间一条指去贵德的马鸡沟峡水,水发源于马鸡沟峡脑拉脊山,集合倒仰沟(今拉脊山隧道入口处的山沟)等诸条泉水出峡,为南川河主流;西侧一条指马场沟水,出沟在陈家滩村东与主流汇合;马场沟古称“群孙川”,《西宁卫志》中记载:“群孙川,在卫(西宁卫)治南五十里,捏耳朵峡(即马鸡沟峡)西,水流注牛心川。”此水出自门担峡脑的青阳山东麓,出门担峡,经曲噶尔静房、马场村出沟;东源指东沟滩水,水发拉脊山北麓的峡门,经东沟窑滩,出东沟,经徐家寨后注入南川河。再经谢家寨、新安庄、沈家寨,在省党校和青海日报社之间注入湟水。

门担峡水

门担峡水,南川河水源之一。发源于青阳山东麓,此水流出门担峡,经帐房台、上下马场村,出沟后,在陈家滩村东与主流马鸡沟峡水汇合,向北流向西宁,通称南川河(亦称麒麟河)。

峡门水

峡门水,南川河水源之一。出拉脊山北麓,经上下峡门、东沟滩、马家滩、班马坡、刘小庄,经徐家寨(伏羌堡)后汇入南川河。

铁骑沟水

《水经注》中说："湟水又东，右合葱谷水。水有四源，各出一溪，乱流注于湟。湟水又东经东亭北，东出漆峡，山峡也。"漆峡指西宁东面的小峡，湟水出小峡之前，右侧只有瓦窑沟水和铁骑沟水，瓦窑沟窄而短，铁骑沟又名曹家沟，流域属湟中原升平乡干旱山区，山高沟深，一年中除下暴雨偶发山洪外，平时难有涓水。估计古时沟中植被茂密，水源涵养好，可能溪水较大。途经赛马嘴、下营、王家嘴、喇家滩，在下十里铺流入湟水。

田家寨河

湟水水源之一。《水经注》中说："（湟水）东流，右侧漆谷常溪注之。"《西宁府新志》中记载："在县（西宁县）治东，水注湟。"漆谷指小峡，小峡中有常溪，即指发源于拉脊山的田家寨河。田家寨河流域原属湟中土门关、什张家、田家寨、丹麻诸乡，汇合王沟尔、贾尔藏、岩岗沟、黄蒿台、丹麻诸水北流，其中什张家乡黄蒿台一支水流较大，经泗尔河、毛家寨、李家台后称西沟河，再经红土庄出小峡，在小峡外王家庄附近入湟水。

沙塘川河

湟水水源之一。《水经注》中说："（湟水）东流，左侧甘夷川水入焉。"《西宁府新志》中记载："在县（西宁县）治东北，后谓之沙棠川。"甘夷川即今沙塘川，明代西宁卫在这里设有广牧、大通（今互助附近仍有村庄名曰“大通苑”）两个牧马苑，所以也称广牧川。甘夷川水（今沙塘川河）发源于达坂山（互助北山）南麓，其中包括却藏滩水（南门峡河）、林川河、柏木峡河、边滩河。其中柏木峡河、却藏滩水较大。却藏滩水经南门峡流入沙塘川河，峡中建有南门峡水库。沙塘川河全长近72公里，流域面积达1115平方公里，在西宁城东区韵家口、傅家寨之间注入湟水。

周家泉

周家泉，又名崖泉，位于西宁城东。《西宁府新志》记载：“崖泉，在县（西宁县）东北一里，有石崖，高一丈，有泉坌然自（崖）腰而出，谚谓之周家泉。”周家泉现已无存，但作为地名，留存至今。附近有周家泉办事处，周家泉小学等。

晓　泉

晓泉，古称小泉，《西宁府新志》记载：“小泉，在县（西宁县）治东北，出东郭门八十步，（泉）水少浑。”原泉水被当地村民引入沟渠灌溉农田。1942年6月（民国31年），马步芳在小泉附近修建“馨庐”公馆，耗资3000万大洋。公馆南侧建有花园，内栽种有许多名贵的花卉和树木，还配有游亭和廊榭，小泉也被圈占于内，加以整修后，在泉顶崖上题字，雅化为“晓泉”。

北门泉

北门泉，位于西宁城北门外坡下西侧。《西宁府新志》载："北门外城下，水清味甘，味重诸泉，居民多汲饮。"明古城建于湟水南岸台地上，未建城之前，台地北崖下自西而东就有多处泉眼。筑城后，因泉地处北城门外，故称"北门泉"，为城西北隅礼让街、大同街、香坊巷、自新巷，以及南北玉井巷等处居民世世代代提供生活用水。

2007 年，政府在这儿构亭固石，引水入渠，极大地美化周围环境，此泉也作为街边一景，使七一路一带增色不少。可惜 2014 年春夏之交，泉水骤然干涸，至今未复出。

鱼翅滩五泉

鱼翅滩五泉，鱼翅滩指现省委党校及以西到人民公园东侧的这一块滩地。20 世纪 40 年代时，鱼翅滩西侧有一磨沟，人称"八盘磨沟"。鱼翅滩上长有杨树、绵柳、垂柳和黑刺，人们俗称"鱼翅磨林"。五泉，指鱼翅滩上的五眼泉水。据《水经注》引北魏阚骃语："西平亭北有土楼神祠者也，今在亭东北五里，右则五泉注之，泉发西平亭北，雁次相缀，东北流，至土楼南，北入湟水。"杨应琚在编撰《西宁府新志》时，为了落实五泉方位，亲赴鱼翅滩作了考察："五泉，在县北，按旧志未详。余问诸士民，皆不知其处，故亲勘焉。郡城北门外里许，有鱼翅滩，泉五孔。第一泉水深一尺二寸，宽五尺；第二泉水深九寸，宽四尺，去第一泉十步；第三泉水深三寸，宽一尺一寸，去第二泉十五步；第四泉水深四寸，宽二尺，去第三泉二十步；第五泉水深二寸，宽四尺，去第四泉三步。五泉俱东北流，至土楼南合为一水，北注于湟。不特方向与《水经注》符，即鱼翅与雁次形亦相似，正在土楼之南，湟水之南，其为《水经注》所载无疑。”

香水泉

香水泉，位于西宁北门外东侧不远处。在这里的沙夹石崖下，有两股清泉流出。据已故西宁文化学者魏明章先生在《古今西宁》一书中说，大约在明弘治年间，有人在此修建了香水寺，因香水寺一带“泉水清香，寒洌且甘”，明万历三十八年（1610年），西宁卫监收通判龙膺在此开发泉水，开辟为风景点，修建了亭台楼阁，与香水寺连成一片，并给泉水起名“蒙惠泉”。清乾隆年间，国力鼎盛，百废俱兴，西宁道佥事杨应琚、西宁县县令陈铦在此“浚池构亭，名香水园”，人遂改称其泉为香水泉。自此之后，人们沿城墙根一带，陆续建成老虎洞、四照塔、雷殿、八德庵、药王阁、八卦亭等建筑物，成为西宁一大景观。

新中国成立后，除马公祠被城中文化馆占用而得到保存外，其余诸建筑全被拆除，代之而起的是一片高楼大厦，香水泉也名存实亡，隐藏于一家属院中。

麒麟泉

麒麟泉，又名大神泉，位于西宁西门外南川河西侧麒麟公园内。至于泉水得名的来历，据《晋书》《十六国春秋·南凉录》记载：“建和二年春正月（建和，南凉康王秃发利鹿孤年号；建和二年，即公元401年），龙见于长宁，麒麟游于绥羌。秃发利鹿孤欲称帝，于是群臣皆劝之，……”长宁即今大通长宁镇；绥羌即今西宁南川。因这一典故，南川河被称作“麒麟河”，河西岸土坡下的泉水也被人称作“麒麟泉”。

1932年，当时的西宁县有关部门在此移石填土，修建苗圃，后建成麒麟公园。据当时青海省临时参议会秘书长姚钧撰文、省政府教育厅秘书、我省近代著名书法家李德渊先生书丹的《重修麒麟公园碑记》看，园内有“清泉数十，潴为池塘者六”，园内泉眼众多，水脉很旺。麒麟泉（大神泉）是麒麟公园内众多泉水的总名，时至今日，这里泉眼仍星罗棋布，三五步即有泉水涌出，清流蜿蜒，冬夏不绝。

龙 泉

龙泉，又称药水泉、都龙湫泉、湫泉、药王泉，位于西宁城西苏家河湾村南不远处。《西宁志》中载：城西十里有泉，周围凡三丈，其深莫测，常涌沸有声，遇旱祷之则雨。龙泉水有药味，传说饮之能治胃病等，故人们称之为药水。泉水下泄，汇集成池，称为“龙池”，池边修有药水祠。“龙池夜月”被列为古湟中八景之一，古人曾有不少诗词赞美它“龙池环注五龙宫，一水清澄月正中”、“池中若有蛟龙在，云雨一经便上腾”、“见说河湾药水祠，同声异口夸龙池”。

华石山瀑布

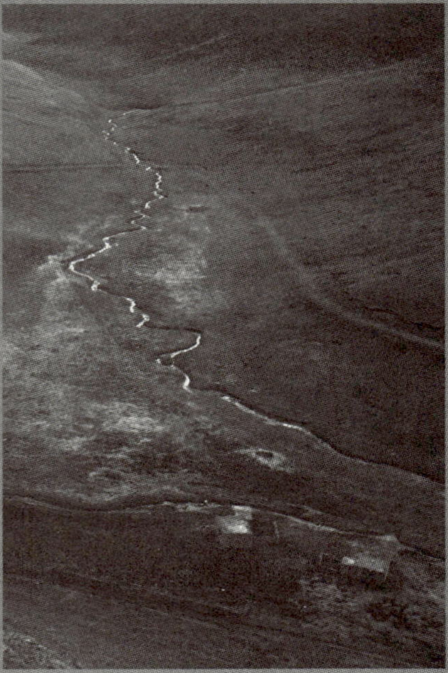
拂鹞泉

拉脊山峡

湟水上的水磨

苦水沟

金泉

金泉，在西宁东郊外的曹家寨，据《西宁府新志》记载:“金泉在县（西宁县）东五里之曹家寨，北与二泉合，东北流溉田。水清澈，围一丈八尺，会左二泉（金泉左数武），又名金家泉。”

清泉

清泉,在西宁东郊外的曹家寨,据《西宁府新志》记载:“在县(西宁县)东五里，池围七尺，味甘腴，俗名陈家泉。去金泉二十步。”

北泉

北泉，据《西宁府新志》记载：“在县（西宁县）治北一里郭家庄（此村庄已消失，原址在今省医院一带），水绀洁。”

鸣玉泉

鸣玉泉，位于湟中上新庄镇东沟滩。《西宁府新志》记载：“鸣玉泉，在县（西宁县）南三十里伏羌堡(今徐家寨)西南七里的东沟滩。(泉)从地涌出，又下多乱泉，民间引以溉田。”泉水下流，经回龙山（古称灵华山）东侧出谷，汇入南川河。泉水所经的回龙山东，形成大片湿地，丽日在天，鸟鸣于树，黑刺（沙棘）河柳，冉冉成林，芳草如茵，野花似星，点缀其间，真是一处人间仙境。

朔屏泉

朔屏泉，位于西元山（南佛山）佛沟儿石楼梯南侧 10 余米处，旁倚张道殿、三清殿、雷官殿。泉发源于朔屏台金露梅丛中，沿崖顶下泄，直达崖底，飞流喧豗，响声砰然，然后沿佛沟儿流向经纳河。朔屏泉不但是西元山的眼睛，也是山上修炼道士们的生活用水。因为有了它，佛沟儿才有了灵气，再加上山谷中松树密布，在那如练的瀑布氤氲中，松冠翠染，随风轻摇，令人心醉。“钟声疑是空中落，泉影遥看树梢悬”，古人的诗句，形象地描述了这里美丽的景色。

圣水泉（1）

圣水泉，位于湟中上新庄镇，东北距西宁 30 公里。因此泉水味辛辣似药，所以又称“药水泉”。据《西宁府新志》载，此泉水能治皮肤、风湿等杂症，民间多信之。

圣水泉（2）

圣水泉，位于平安区三合乡冰岭山，西距西宁约 30 公里。《西宁府新志》载:“圣水泉，在县（西宁县）东南六十里吉彦才沟（即祁家川，今称三合川），又名药水，出高阜上，大小泉三，水具北流。诸泉之水，居民饮之，云能医杂症。其水不流入大河，有流四五步，或七八步，即结为羊脑石。其石无味，为末服之，亦可治积聚，故谚谓之冰淋山。”圣水泉在三合川东侧山之半，泉出山腰平台上，数个泉眼出水，潺潺细流，蜿蜒曲折，如龙蛇游弋。汇而北流，流经之处，凝为石华，状若微堤，令人惊叹不已。掬而饮之，有苦涩味。冬日泉水凝结，冰面风干成灰白末，收集后可当药粉，人说有医治疾病功效，天地造化之功，真令人惊叹不已。

桦山温泉

桦山温泉，位于湟中马鸡沟峡口东南侧药水滩，距西宁约 40 公里。这里群山耸立，峡谷绵长，环境幽雅。滩中沼泽遍布，温泉棋布，热气蒸腾，草木繁茂。滩的东南侧山湾中有一泉眼，泉水很旺，水质纯净，甘甜可口。水温 41℃，含钙、硼、硅酸、硒、钡、钴、铜、锌、锂、锰等多种有益于人体健康的微量元素。既能饮用，又能沐浴，还能医治多种疾病，当地群众视之为 " 神泉 "，故又有“药水滩神泉”之称。

拂鹈泉

拂鹈泉，《西宁卫志》载 ：“一名鸊鹈泉，在卫（西宁卫）西南古石堡城。吐蕃以五万骑入振武军拂鹈泉，抄西鹘还国者是也。”唐代著名诗人李益在《早度破纳沙》一诗中就提到拂鹈泉“破纳沙头雁正飞，拂鹈泉上战初归；平明日出东南地，满碛寒光透铁衣。”石堡城西麓，有村名莫多吉，其侧即湟源南乡药水河，不是泉；石堡城东麓，即大茶石浪水，水发源于石堡城东麓草山根，出大茶石浪沟口，在兔尔干东侧入药水。估计水发源处，即拂鹈泉也。流经途中两侧滋润成湿地，遍长马莲，春末夏初，蓝花满目，蔚为壮观。

澄华泉

澄华泉，位于五峰山山腰里。被围在青石栏中，琼浆玉液，冉冉成池。西宁名士来维礼先生在《丁亥闰四月抄五峰寺纪游》一诗中，盛赞“泉深或藏龙，石怪如蹲虎。琪花散芬芳，林禽歌金镂。秀拔独一峰，巨灵运斤斧。况值宿雨晴，烟岚翠欲吐。澄华（指澄华泉）洗心胸，临流觞水浮。山色亘古青，对面增秀抚。”因而名之“五峰飞瀑”，被列为古湟中八景之一。

澄华泉泉名是清乾隆时西宁道佥事杨应琚所题。他说，凉州（今武威）道署有口澄华井，为汉代张芝所题名，“此泉色味与井无二，故以澄华名”；除澄华泉外，五峰山的裂石泉、隐泉等泉名俱为杨应琚所名，并为之赋诗并作《湟中五峰山寺壁记》。受当时西宁道最高地方官的影响，五峰山一时声名大振，不要说临近的村民百姓，就是一些外地来宁的达官贵人，也以到五峰山赏心悦目为荣，文人墨客三五相聚，多有题咏，如钱塘吴四古、海盐张本涵就各自留下了四首歌颂五峰山的七绝诗，其中“秀削芙蓉晓起看，峰峰如掌列云端”、“烟岩月壑恣探看，奇秀须教绘笔端”就是诗中佳句。甘肃驿传副使张廷枚也写道：“五峰佳境傍边城，别有逍遥物外情。亭枕溪流堪洗耳，宅依深树好潜名。”“淡浓山色窗前画，远近泉声座里笙。返照深林树梢红，老僧趺坐听松风。”传神地描绘了澄华泉周围迷人景色。著名书法家、诗人张思宪的一首“五峰如掌列云端，瀑布飞流似激湍。六月炎天来避暑，松声飒飒水声寒。”淋漓尽致地描绘了其地美丽的自然风光，更使它声名远播。

裂石泉

裂石泉，清代西宁道佥事杨应琚题名，位于澄华泉西侧不远处。泉自路侧石滹中流出，沿坡下泄，“叮咚”有声。杨应琚说：裂石泉“自山崖流出，石破一线，涓涓不歇，‘汩汩’有声”，令人悟出“功夫积久，柔而克刚”的哲理。

隐　泉

隐泉，清代西宁道佥事杨应琚题名，位于澄华泉东侧的山坳里。虽泉水南注而滋润农田，但泉眼处“蔽以蓬蒿，虽利泽及人，而人不知焉。”每年“满山‘花儿’唱‘少年’”，各堡居民竞相以香花致祭澄华泉，而无一人到隐泉处探望，触景生情，对于这种趋炎附势的时尚，使杨应琚伤感不已，所以他“独至泉侧，徘徊良久”，故以“隐”名泉，以表“怜香惜玉”之情。

黑　泉

黑泉，位于宝库峡。《西宁府新志》载：“在卫（大通卫）治（城关）东三十里向阳堡，源出马莲滩，味甘。”峡中有察汗河等水，现峡中建有黑泉水库，高峡平湖，上下天光，碧波千顷，十分壮观。

广成泉

广成泉，又名药水泉，位于大通城东北30公里的兴隆堡。《西宁府新志》载：

"居民有疾饮之。"广成泉由五个泉眼组成，虽出自一处，但各泉眼流出的水味不同，并能治多种疾病。因此被人们称为神泉，所流经区域被称为药水沟。

泰兴泉

泰兴泉，位于大通城北 65 公里处，一名花海子，亦名金泉，约十数顷。泉流处水波荡漾，水底石片，状如莲花。每逢夏秋季节，常有黄鸳鸯游戏其间，随波起伏。每当春和景明之时，晶莹炫目，所以被称为大通八景之一的"花海鸳鸯"。

黑龙泉

黑龙泉，位于大通城西北。其泉涌出如环，水流激冒，嘶然有声，因而成为大通八景之一的"龙洼嘶月"。

阁公渠

阁公渠，民国时西宁开挖的灌溉水渠。至于渠名来历，与马麒有关。马麒，字阁臣，官场上尊称为"阁公"。阁公渠渠口起于今黄河路北端的李家墩，计划水渠经西宁北城墙根，再经香水园、曹家寨、乐家湾、小峡、红庄、柳湾、平安、大峡，到碾伯为止，全长约 70 公里。1948 年完成了李家墩至小峡段渠道。

芳惠渠

芳惠渠，民国时西宁开挖的灌溉水渠。20世纪二三十年代，马氏家族统治青海，他们巧取豪夺，霸占了西宁及附近各县的大量农田，曹家堡滩一万多亩未开垦的荒地也未能幸免。1938年，马步芳为了灌溉所霸占的田地及新开垦的曹家堡滩荒地，假借省政府之名，责令青海省建设厅拟定兴建平安渠、长胜渠、阁公渠等总长64公里的渠道工程计划。曹家堡渠经1938年初测，1942年复测，终于拟定计划，呈报国民党政府审核。此计划中，曹家堡渠以其线路之长、工程之艰苦，当时号称是青海省最大的水利工程。为了标榜自己，马步芳竟以“芳惠渠”命名该工程，意即人们勿忘他的“恩惠”。国民党政府收到青海水利工程报告后，当即于1942年—1943年由黄河水利委员会先后派杜韫香、杨纯、吴耀庭等工程师来青正式勘测，最后拟定施工计划及工程预算。1944年，芳惠渠工程正式被国民党政府黄河水利委员会批准立项，并决定由中国农业银行贷款，同年9月16日正式动工兴建。

芳惠渠自西宁东川傅家寨开沟引湟水，经小峡、高寨，直达曹家堡滩的泉水湾。据史料记载，渠道全长21.7公里，共开挖土石方量达18万立方，其中石方量就达3000立方。尤其渠道经过小峡的一段，石崖高耸，凿山开道，工程艰巨，实属不易。经过4年的努力，至1947年8月下旬，全渠所有的渠道、渡槽、桥梁、涵洞全部完工，共耗资365亿元（旧币），当局于9月10日举行了“放水典礼”。

芳惠渠建成后，源源不断的湟水终于流到了千年旱原，曹家堡滩13000余亩荒地顿时变成了旱涝保收的水浇地，马步芳即调拨100多户回族在临渠一带安置，并指派孟全禄负责全渠管理事宜，马氏家族又从中捞取了不少油水。但从客观上讲，芳惠渠的建成，彻底改变了曹家堡滩“山鸣谷又应，沙雪正飞扬”的苦寒面貌，为“一川古木含秋雨，几片残霞带夕岚”的今天奠定了基础，新中国成立后改称“和平渠”。

常胜渠

常胜渠，民国时西宁开挖的灌溉水渠。1948 年，马氏家族征调民工修建，引水地点在湟中石灰沟沟口。水渠沿阴山山根的阴山堂过张家湾、彭家寨、刘家寨、到杨家寨，定名“常胜渠”，与乐家湾军营大门“常胜门”东西呼应。后因工程质量太差，20 世纪 50 年代初已濒于报废。新中国成立后，政府于 1957 年重新修建，同年 11 月工程竣工，开闸放水，并改名为“解放渠”。

八盘磨

八盘磨，西宁旧时有名的水磨名。“盘”指一座水磨房，八盘，即八座磨房一排并列，那规模是很大的。位于今五一俱乐部北的河滩上，称为“下八盘”；位于今省党校附近的，称为“上八盘”；另外，位于今苏家河湾附近的，称为“上六盘”，这些磨房是当时西宁有名的人文景观，现已无存。

水磨作为一种粮食加工的场所，在河湟地区应用已有 1900 多年的历史了。据史料记载，早在东汉末年，当时的凉州刺史张既就将水磨技术传入雍凉各地，不久河湟地区也采用水磨加工粮食。也有人更确切地说，传入年代为汉顺帝阳嘉元年（132 年）。张既，高陵人，字德容，在东汉末年那群雄割据、战火纷飞的岁月里，他“筑障塞，置烽堠，治雍凉二州十余年，政惠著闻。”看来，把水磨技术引进青海东部地区，亦是他的德政之一。

据已故来盛福先生说，下八盘磨一字排开，凌空架在今五一桥的东面，湟水主河道西侧的河滩地上，有 8 至 10 间磨房。水激轮转，声响震天。另据史料记载：为了保障水磨动力、冬夏不变，人们在八盘磨的所在地，湟水南岸自青海报社起，至城东区杨家巷以北的白家河湾上修了一道渠，名曰“磨沟”。这道沟汇聚了南川河河水，湟水河约三分之一的水量，形成了流水滔滔、经久不枯的另一条湟水河。在今青海日报社、五一俱乐部、省人民医院、白家河湾四个点的河床上，共修四道 32 盘巨型水磨，加工着源源不断送来的大量的磨物。名噪一时的八盘磨，曾经保障了省垣上万人的生活用粮，今已消失在人们的记忆当中。但作为人类利用大自然动力的一大杰作，将会永远留在西宁的史料中。

龙 池

龙池，位于西宁城西区苏家河湾村南，在石崖间有一泉，称为龙泉，又称都龙湫泉、药水泉、药王泉。泉水下泄，汇集成池，称为“龙池”。《西宁府新志》记载：“龙泉，在县（西宁县）西八里苏家河湾庄西南，有山如覆釜，高十余丈，泉自顶出，其眼径尺，而深不可测。水泛出，沤起如杯盂。上有药王庙宇，邑民遇旱则祷之。”“龙池夜月”被列为古湟中八景之一。

据史料记载，唐穆宗李恒长庆元年（821 年），大理寺卿刘元鼎为唐蕃会盟，奉旨出使吐蕃，回长安后，曾写有《使吐蕃经见纪略》一文。文中说:“元鼎逾湟水至龙泉谷，西望杀胡川，哥舒翰故壁多在。”据《西宁府新志·地理·山川》记载：“县（西宁县）西八里有龙泉，疑即西川称龙泉谷也。唐刘元鼎使吐蕃，逾湟水至龙泉谷，谓哥舒翰故壁多在湟水。”杨应琚先生所指“县西八里”的西川龙泉谷即今海湖新区的深沟儿，杀胡川即指今西川。当年哥舒翰率军在赤岭一带与吐蕃抗衡时，今西宁地域就设有“河源军”。深沟儿南接鸳鸯沟，向北撕裂西川平整的原野，拐向东北，在苏家河湾附近通入湟水。在苏家河湾地界，因沟西侧有有名的龙泉，所以文人们称其为“龙泉谷”，也是有一定道理的。

杏园池

杏园池，早已干涸，即在今西川盐庄村。《西宁府新志》记载：“杏园池，在城西十二里，澄渟不减，广袤百余丈，明末泉竭，亦名龙池。”

盐庄，地处西川北路，今属城北区管辖。东邻土巷道高坡，西连杏园村，村庄地形呈凹形，四周隆起，中央凹处有泉眼;村北黄土山多碱，水积凹处，味极咸。千百年日积月累，泉水成池，由于池西有杏园村，人称此池为“杏园池”。由于地质变化，明末泉眼出水量锐减，杏园池逐渐干涸，但纤细的泉水汩汩，依旧不断。后来有人在池的西北部地形较高处筑墙垒屋，渐成村落，人称“盐庄”，因村小人少，行政管理上与附近马家庄合称“马盐庄”。直到 20 世纪末，盐庄村民屋舍都建在凹地西北部稍高处，村前是一片湿漉漉的凹陷地，就连村南的大路，每逢开春，泛浆不断，行人车马颇感不便。

湫　池

湫池，西宁范围内称为“湫池”的有两处：一为西宁城西苏家河湾的龙池；二为娘娘山顶的积水池。娘娘山顶的积水池，又名金娥池。据大通包正礼先生说，娘娘山湫池，在海拔 4300 多米的峰顶，面积达百余亩，久旱不涸。五颜六色的野花，千奇百怪的杂石，在阳光的折射下，与池周水汽形成的光环相映成趣，五彩缤纷，光耀夺目。这就是清末名士张思宪在《金娥晓日》中所说的“金娥池”。“金娥池水涌金娥，五色斑斓迷目多。破云晓开登绝顶，惊人佳句问如何。”大通知县刘运新称之为“北瑶池”，如遇天旱之年，过去附近居民前往那里求雨。

人文

青唐城

青唐城，唃厮啰政权在西宁所建的都城。今西宁南绕城路侧尚存有 200 米残垣，即青唐城南城墙遗迹。据史料记载，青唐城广袤 20 里，中有隔墙，分为东西二城。据亲自到过青唐城的北宋绍圣武举人、右班殿直李远所撰《青唐录》记载，青唐城“城枕湟水之南，广二十里，旁开八门，中有隔城，伪主（指青唐主）居。城门设谯楼二重，谯楼后设中门，后设仪门。门之东，契丹公主所居也，西为夏国公主所居也。”西城建有唃厮啰宫室、贵族宅邸、佛寺等，还有数千家居民居住在这里。东城则是商品交易场所，住有“陷羌人及陷人之子孙”，还有许多往来的商贩，坐地经商的竟有数百家。李远还对青唐城内部唃厮啰宫室做了详细描述，说过仪门 200 步是大殿，大殿“北楹柱绘黄，朝基高八尺，去座丈余。碧琉璃环之，羌呼为‘禁围’。”还说首领升殿议事时，奏事者必须立于玻璃墙外，不然即遭诛杀。首领宝座旁设有“金冶佛像，高数十尺，饰以真珠，覆以羽盖。”如果是国相，必须立于西；如果是国王的亲属，必须立于东。其规矩严格如此。由于吐蕃重僧，凡有大事，国王必须召集众僧共同议决；凡是僧人犯罪，没有不赦免的。因此，青唐城内之屋，

"佛舍居半。"这些屋宇中，除了"国主殿及佛舍"上面覆盖着瓦以外，其他的所有房舍，就是国主的宫室，"亦以土覆之。"并说，城南大街之西，有个三级的坛，面积达一亩多，每年，国王都要"祭天于其上。"青唐城的西面"有青唐水（今南川河），注宗河（今湟水），水西平远（指今古城台一带）"，建有佛祠，佛祠群广五六里，并"缭以冈垣，屋至千余楹。"这里还塑有浑身涂有黄金的大佛像，旁边建有高达 13 层的佛塔，用来保护佛像。

西宁古城

西宁古城，历代几经改建，现仅存几段残迹。西汉初年，一代雄主汉武帝为隔断匈奴与羌人的联系，打通河西走廊，开辟西域，曾派骠骑将军霍去病出兵河西，在今西宁地区修筑军事据点——西平亭，从某种意义上说，从此奠定了古城的最早雏形。宣帝神爵二年（公元前 60 年），汉后将军赵充国受命率吏卒万人"来垦羌人故田"，由于措施得当，作为垦田中心的西宁和平安，不但巩固了汉王朝在湟水流域的统治，而且也极大地促进了河湟谷地农业的发展。正如清乾隆时西宁道佥事杨应琚在《据鞍录》中所说："回忆湟中长夏不挥扇，夜间皆覆絮衾。若沉阴积雨，南山数峰犹有新雪。避暑之妙，可甲天下"；"河湟重镇建名城，鼓角曾闻霍赵营；新种白杨千万株，绿荫深处认西宁"，反映了西宁在河湟开发史上的重要作用。

三国时，曹魏在西平亭的基础上，增修了南、西、北三城（据有的学者认为，即三面城墙），这是西宁建城之始。此后，在 2000 年的历史上，这里曾两度作为地方割据王国的都城。公元 397 年—414 年间，作为“五胡十六国”之一的南凉，曾以“龙显于长宁，麒麟游于绥羌”为由，迁都于西宁，“建学校，开庠序，以训胄子。劝课农桑，以供军实”，为这儿的开发和教育的发展做出了积极贡献。如今，留在城西的“虎台”就是南凉“阅兵台”的遗址。北宋时，这儿又建立了以青唐城为国都的唃厮啰政权，唃厮啰采取联宋抗夏的外交策略，为青唐地区赢得了一段平静的岁月，史载当时河湟谷地“夹岸皆羌人居，间以松篁，宛如荆楚”，今南绕城路的一段残存古墙就是它的历史见证。

宋徽宗崇宁二年（1103 年），宋军进军河湟，诏改鄯州为“西宁”，“西宁”地名，由此开始。明洪武十八年（1385 年），长兴侯耿炳文在原西宁州城的基础上，弃南占北，割古城之半，筑成卫城，以高而险，号称“岩疆”。明清两代，西宁及西宁周边多次发生战乱，给人民的生命财产带来了极大损失，其中尤其以“海寇之患”、罗卜藏丹津叛乱及河湟事件为最甚，西宁古城为保卫人民生命财产起到了极大作用。

西宁四大城门

西宁四大城门，指明洪武年间西宁筑城后，所开的东、西、南、北四座城门。四座城门经明清两朝多次维修、加固后，城门外各有月城（瓮城），除西门有两座瓮城外，其余三门各有一座瓮城。由于瓮城上也开有城门，所以进城时，除西门有三道门外，其余三城门有两道门。除南北瓮城门向东外，东西瓮城门均向南。瓮城门洞深约 8 米，大城门洞深约 20 米。城门洞里冬日冰冷，阴森可怖，夏日凉风飕飕，颇觉凉爽。其中北城门洞为防坍塌，两侧每隔 1 米，就用巨型方木支撑。自从西宁有了电灯后，门洞顶部悬有灯泡照明。各大城门上建有二层悬山式歇山顶城门楼，斗拱飞檐，彩绘焕然。据巢生祥老先生回忆，顶层檐下正中悬有匾额：东门是“天河锁钥”，南门是“岚光迎旭”，北门是“澄波献瑞”，唯独西门悬有两块，是“怀柔远人”和“海藏咽喉”。城门外墙顶部有砖雕城门名，东南北三座城门名，分别是：“承恩”、“迎薰”、“拱宸”，唯独西门有两块，是“镇海”和“怀远”。正因为这个原因，已故文史学者杨文盛先生曾力争将西门外小广场起名“怀远广场”，但未果，小广场后定名为“文化广场”。

东稍门

东稍门即西宁城东的“子城”东门，又称保良门，今已无存。史载北宋元符年间，右班殿直、绍圣武举人李远曾“奉檄军前”，到过西宁。据他写的《青唐录》记载，青唐城（西宁）的“东城惟陷羌人及陷人之子孙”，住的是在历次战争中被俘和流散的于阗、回鹘等商人数百家。说明近千年前，这里已是各族商贾交易之地。

明王朝建立后，洪武二十年（1387 年），长兴侯耿炳文率领陕西诸卫所士兵修筑了西宁城，东门外一带被称为“关厢”，说“东门连关厢，商贾市肆皆集焉。”近 200 年后，明嘉靖年间，“海寇”之患起，西宁周边烽烟不断，如 1557 年，西宁守备崔骐与“海寇”大战于铁佛寺（今朝阳寺台子）。为了保护关厢商贾，嘉靖二十一年（1542 年），兵备副使王昺在修补卫城的同时，在东门外绕关厢修成了子城，开三门，其中东门即后来称之为“东稍门”。子城无西墙，与卫城东墙共用，并在东稍门外筑起了屏蔽城门的月城。第二年，由“名震西陲，为一时边将之冠”的参将达云和兵备副使余良枢在东稍门上修建了城楼，使城门“炳如翼如，且固且丽。”据当时西宁名士张问仁《重修西宁卫城记》记载：“关厢之役，薄者厚之，卑者高之”，用青砖1245.5万块，石灰20600万斤，可见工程之大。难怪右司马保定吴公阅视西宁时，登城一望，惊呼“壮哉！万年之固。”

围绕关厢的子城修成后300余年间，它内护西宁城，东连通小峡的大道，对保护商贾、发展经济起到了不可低估的作用。随着社会的发展、人口的增多，这里除了原有的东西一条街外，沿着连接南北两门的一线，逐渐也形成了街衢，为今天的南小街、北小街的形成奠定了雏形。史载当时关厢“商铺林立，货店杂陈，毂击肩摩，繁荣一片。”

明代对关厢的城墙做了很好的保护，据清初顺治时苏铣的《西宁志》中附载的《西宁卫城图》标示，“东关外城延一里，为门三。”清雍正年间，改西宁卫为西宁府后，对西宁城墙，包括关厢外城进行了多次维修，据有关资料记载，东稍门的建筑最为宏伟，门外设有“接官厅”，城门上高悬有“保良门”牌匾。东关外城的修筑，军事防御的目的是主要的。登城瞭望，掌握敌情，开关启闭，事关城池安危。

清同治年间，陇上烽烟四起，战火连天，1874年，“东关城尽毁，惟稍门仅存。”光绪八年（1882年），在西宁道邓承伟的主持下，重修关厢东、南、北三面土城，《西宁府续志》详细记载了其高度、长度和厚度，并说城墙上有“炮台八、垛口一千零二十、城楼三”，设三门如旧，“门洞甃以砖”。18年后，战火又铺满河湟大地，仅光绪二十一年（1895

年）七月十五日一役，“保良门战败，死数百人，余众奔至城门（东门），因拥挤而践踏死者，又数百人。”西宁一代名士基生兰之兄亦死于是役。其后10年，外城在战乱中被彻底平毁，再也未得到复建。

西宁四小城门

西宁四小城门，指20世纪40年代西宁城墙上新开挖的四个通道，俗称尕西门、尕北门、尕南门和尕东门，分别位于今大同街西端、斗行街北端、水井巷南端和后营街东端。至于这四个小城门的开挖，还得从抗战时期日军轰炸西宁的事件说起。

1937年12月南京沦陷后，国民党政府迁都重庆。次年初，蒋介石宣布将甘宁青三省划为第八战区，作为“抗日大后方”，起“抗战救国的基地”作用。日寇为了达到并吞西北的目的，先后派遣特务收买汉奸，多方收集西北地区的情报。同年5、6月间，日本间谍杉荣、汉奸李少华、马选三等先后在门源、西宁落网。特务活动的受阻，使日方大为恼火。为了瓦解青海人民的抗战意志，震慑国民党地方当局，日方扬言要轰炸西宁。在这种背景下，马步芳旋即成立了青海省防空司令部，并亲任司令，但未采取任何具体有效的防空措施。

1939年8月，西宁城头响起一片刺耳的空袭警报声，48架日机自武威方向飞临西宁上空，耀武扬威一阵后，未投弹而去。当时人们根本不知空袭会带来什么后果，许多人竟仰头观看，甚至一睹为快。1941年6月23日上午11时许，27架从山西运城起飞的日机飞抵西宁上空，分三个梯队自西向东投弹、扫射，一时间地面上硝烟四起，城中多处火焰冲天，今饮马街、观门街、北门一带损失尤为惨重。人们竞相奔逃，城门洞为之堵塞。“防空司令部”不防空，敌机未受任何还击，竟扬长而去。事后据当局统计，日机投弹230余枚，炸死无辜百姓43人，炸毁房屋520余间，167户居民家庭财产受损；省立西宁职业学校西大厅中弹被毁，所有教具、机械设备化为灰烬，遂使该校工科停办。

轰炸后，为防再次空袭时能及时疏散城内居民，当局匆忙决定在古城墙上开挖几处通道，今大同街西端、斗行街北端、水井巷南端和后营街东端的四处通道均为当时掘开。人们为了和原来的四大城门相区别，分别称为尕西门、尕北门、尕南门和尕东门，而将原来的城门名前分别加上“大”字，如西门被称为“大西门”，南门称为“大南门”。

小峡握桥

小峡握桥，原址在小峡西口，史载“在县（西宁县）东二十五里，清乾隆三年（1738年）由西宁道佥事杨应琚、知县沈予绩倡建。”杨应琚在《西宁小峡河厉桥碑记》中曾说：“（西宁）西、南、北路，咸通羌戎，惟东西一径走内郡，廿里许有石峡口，双崖门立，诸水汇合，云泄雷奔，崖趾才通马步，舍此行旅无他径。”握桥是一种土木结构的桥梁，其修建方法是：“两岸垒石作基，大木纵横，更镇压，节节相次，根缩梢伸，两边俱来，相去（距）四丈，并大材以板横次之，外施钩栏。”

握桥亦称“厉桥”，握桥是在没有钢筋、水泥时期的一种常用的建桥形式，今天已不可能见到了。杨应琚等所建的小峡握桥在此后的100多年间，曾多次被洪水冲毁，屡毁屡建。直到同治十一年（1872年）时，在战乱中被拆毁。光绪元年（1875 年），西宁办事大臣豫师、知府邓承伟捐俸重建。光绪二十年（1894 年），被洪水冲毁，经抢修，刚得复通，次年，即光绪二十一年（1895 年）又在战乱中被拆毁。三年后，钦使联魁筹款重修。“民国十一年（1922 年）山洪暴发，为水冲毁”，由“马阁臣军门（马麒）拨木料，饬东川绅民重修”，1931 年再度被洪水冲毁，次年又重修。

新中国成立后，于 20 世纪 70 年代，在其上游不远处新修一座大跨度双曲拱桥，至今犹存。

广济桥

广济桥，桥址在今西宁火车站西不远处的湟水上，由清代西宁道佥事杨应琚倡建，现已无存。当年从平安进入西宁，因南岸山高坡陡，人们多走小峡河北岸道路，这在周子扬的《玉树调查记》和基生兰的诗中可以看出。其实早在四百多年前的明代，从东方来宁的大道也是沿湟水北岸穿小峡，过韵家口再进入城区的。王家庄作为西宁城东稍门外、湟水北岸枢纽之地，是进出关厢水城门的必经之地，具有一定的军事价值。明朝万历年间，当时的西宁卫中军守备柴国柱就曾率兵驻扎在这里，并在这里筑起了寨堡和瞭望台。为加强与城区的联系，来往通行方便，他亲自策划并在堡前铺设了一座木桥。史载柴国柱“壮勇足智，善骑射，勇冠三军”，为一代名将，时人就将所筑的寨堡称为“柴家寨堡”，寨前的木桥称为“柴家桥”。柴家桥是当时湟水上为数不多的几座桥之一，它为沟通西宁湟水南北两岸的交通，方便百姓生活起到过重要作用。

柴家寨堡和柴家桥的维护由今互助沙塘川一带的老百姓承担，故当时就有“柴家桥的伕儿，沙塘川的张工头”之俗语，当时就有一些养护伕儿住在寨堡里。柴国柱还曾在这里建起花园，由于环境优美，人称“柴园”，清乾隆时西宁道佥事杨应琚曾到柴园游玩，并写有《夏日游湟水北岸柴园》一诗，说这里“下马渡危桥（柴家桥），北岸多林泉。密萝下开径，疏松上窥天”，可见当时的柴小庄一带风景是非常秀丽的。诗中描述不敢骑马过桥，可见桥是临时搭建的。后在他的主持下，建起一座较为牢固的桥，并定名“广济桥”。《西宁府新志》中称：“在城东北二里。”嗣后数百年间，广济桥虽曾多次被洪水冲垮，作为连接城北湟水两岸的唯一通道（此时惠民桥早已被冲毁，以渡船运输），官府和商家共同筹资，屡毁屡建直到 20 世纪初。

1939 年夏，时任骑一师师长的马彪倡修广济桥，并发起募捐，经一年多努力，只捐得 8649 元。由于当时“物价昂贵，工程浩大，不敷开支”而作罢。后经当局筹补，勉强于 1941 年 7 月 24 日动工，年底建成。新修的广济桥为桩架式桥梁，长 168 米，和小桥地区湟水上建成的惠宁桥一起，成了当局当时炫耀的政绩。但好景不长，1948 年夏末秋初的一场洪水，广济桥的命运从此画上了一个惨淡的句号。新中国成立后，这段湟水上五一桥、报社桥、建国路桥等相继建成，广济桥已失去了重建的价值，但今七一路北侧广济路的得名，也是因广济桥的原因。

玉带桥

玉带桥，亦名通津桥，位于西宁城东瓦窑沟上。现有关玉带桥的记载，最早见于清初顺治时编撰的《西宁志》载：“玉带桥，城东关厢内。”命运多舛的玉带桥是连接西宁城区和东郊的枢纽，有关桥的搭建，还有着一段曲折的经历。

清同治二年（1863年），玉带桥在兵燹中被拆毁，同治十三年（1874年），西宁知府龙锡庆捐俸重修，这项工程由管带绥定右营、西宁镇中营游击朱光耀负责监修，建成18年后，不幸又被洪水冲毁；1892年，西宁县县令洪翼集资重修，好不容易建成三年后，在光绪二十一年（1895年）又在战乱中拆毁；三年后，西宁县知县罗运甓又捐资重修，到民国十一年（1922年）又被山洪冲毁，后由“马阁臣军门（马麒）督兵重修”为石拱桥。

惠民桥

惠民桥，清代西宁道佥事杨应琚倡建，现已无存。惠民桥建于清乾隆元年（1736年），桥址在今省委党校后的湟水上。清代分守西宁道陕西布政司右参议苏铣于顺治十四年冬修成的《西宁志》中附有一张《重刊西宁卫城图》，该图上明确绘出今省委党校后的湟水河上架有一座木桥，并旁注“大桥，在城北一百步”，可见在杨应琚修惠民桥之前，这里曾经有过一座桥。

清乾隆元年，一代名宦杨应琚二返西宁，任西宁道佥事。据他在《西宁府湟中河惠民桥碑记》中说，当时大桥因“四川灌河，群版（板）散堕，日欹月陷，水挟木去，宵小窃以为薪”等原因，已破旧不堪。他目睹不少老百姓为了渡河，历尽艰辛，苦不堪言，为了保障“入城孔道”的畅通，他和太守刘洪绪、西宁县县令陈铦“谋协”，三人捐资修成了惠民桥。该《碑记》中，不但详细记载了建桥的原因，桥的结构及建法、用材量、民工来源，而且详细说明了桥的地址、定名“惠民桥”的原因及竣工日期。惠民桥修在原来大桥的东侧，地处湟水河与北川河、南川河的“绾束处”，“距北郛圜（北城墙）外里许。”《西宁府新志》并附有绘制的《西宁府城图》，明确地绘出了该桥的位置，即在今省委党校后面的河道上。至于杨应琚重修“惠民桥”的另一个原因，与官民便于朝山（北禅山）进香不无关系。

杨应琚等所倡修的惠民桥早已被洪水所冲毁，有关它的记载，只散见于《西宁府新志》《西宁府续志》等一些史料中。后来那里作为城里士民和湟水南岸村民北去、北岸村民进城的渡口，设有木船摆渡，尽管渡河没有桥梁那样方便快捷，但摆渡船只一直存在到 20 世纪中叶。

惠宁桥

惠宁桥是 1937 年马步芳任青海省政府代主席时修建的，桥址在今新宁桥东侧 10 余米处。

小桥地区地处西宁西郊交通要道，经此可以北去大通、门源、祁连，越扁都口可直达甘凉；西去可通青海湖、柴达木，进而可到西藏、新疆。因此，很早就有人在那里的湟水河上架木搭桥，小桥亦由此得名。由于青海地处边陲，史料罕缺，关于小桥地区湟水河上便桥的修建情况一直缺乏记载。《西宁志》中记载有“伯颜川河桥，城西二里”，直到清乾隆十二年（1747年），西宁道佥事杨应琚撰成《西宁府新志》，其中《建置·津梁》中提及“西川河桥，在城西三里。”《西宁府新志》对西宁地区当时的小峡河历桥、惠民桥都有详细的记载，而对西川河桥的记载只用了寥寥九字，足见此桥的简陋和不被重视的程度。直到1937年，曾任西宁县劝学所所长的基生兰写的《西宁府续志·志余》中才提到：（西川河桥）“向系便桥，夏拆冬盖，颇不便利。”同治、光绪年间，甘青地区战乱频繁，西宁四郊多为战场，像1895年7月14日，回族起义军与驻防西宁的清军就在小桥激战。时局动荡，当局无暇顾及公共设施的建设。由此可见，直到清末，小桥地区的湟水河上，从未修建过一座像样的桥梁。

清光绪二十八年（1902年），家居北川的戊子科副贡生谢以刚认为，（小桥）便桥遇水即损，劳民伤财，不如筹款修建新桥，“以为一劳永逸之计。”在他的首倡下，地方知名人士和老百姓纷纷解囊，募得巨款后，他仿照东峡桥的样式，建成“握桥”。谢以刚募款建桥的义举是值得称颂的，但在施工过程中，犯了一些技术性的错误，因桥基建在河床流沙上，“忽遇大水，尽行冲去。”老百姓只得又搭架便桥，无桥时倍尝淌水之苦。

1929年秋，马麒主持省政，马步芳亦由化隆进驻省会西宁，并升任师长。马麒去世后，其弟马麟代理青海省主席。蒋介石为了将自己的势力扩大到西北，在“开发西北、建设青海”的幌子下，通过驻甘绥靖主任朱绍良，积极物色自己在青海的代理人。在马麟、马步芳叔侄的斗争中，他看出握有实权的马步芳的潜力，为了笼络马步芳，1932年，他命马步芳到南京受训。受训期间，马步芳又游历南方各地。江南之行使马步芳见到了一些世面，拿他的话说，“耳目为之一新。”返青后，他即在《西北问题》创刊号上发表《建设新青海之倡议》一文，请求中央“提拨”二百四十万元钱款，以支持青海建工厂、医院和牧场。他雄心很大，逢会必讲近代都市的先进之处，并指令在西宁仿效。一时间西宁纷纷建澡堂、修公路、创建图书馆、开设电影院和新式商店，搞得不亦乐乎。惠宁桥就是这个大背景下的产物。

距西宁30多公里的大通盛产“石煤”，数百年来，一直是生活和取暖必不可少的物品，小桥地区作为大通煤供应西宁的唯一孔道，是咽喉之地。由于这里的便桥经常损坏，给运煤车辆进城造成了极大不便。青海建省后，政府机构大增，行政人员相应地成倍增加，加之马步芳为了保全自己家族在青海的势力和武装割据的需要，小桥地区修建桥梁的计划也被马步芳提上了议事日程。

马步芳升任蒋介石整编第九师师长后，师部就设在西宁南大街火神庙内，随之在那里建起师部修械所，以维修其枪炮。江南之行后，他极力鼓吹“选派专家，创办工厂。”但苦于人才缺乏，资金短缺，几年下来，修械所仍是几部柴油发动机和几台车床。为了增加其军事实力，解决军需品短缺的困难，一生崇尚武力的马步芳在修械所的基础上，准备筹建三酸厂、玻璃厂、米肠厂，但火神庙地处闹市，有诸多不便，只得决定另迁他址。小桥地区当时虽然地处郊外，但距城内只有七里之遥，且临北川河边，有大片沙砾地，是理想的建厂之地。可是去该地必须横跨湟水，交通极为不便，也必定给建厂工程带来种种不便。为了做好城内工厂转移的前期准备工作，小桥地区修建桥梁一事也成了当务之急。

1936年冬，中国共产党领导的工农红军西路军在河西走廊与马步芳部队激战，马步芳为了截击红军，除了调集其正规部队外，将全省划为15个区，按人数定额，征拔壮丁，组建民团赴河西进行疯狂的堵击。当时马家军增援部队、民团和辎重大都是经小桥越达坂山的中达坂、扁都口进入河西走廊的，小桥地区交通拥挤，运输繁忙，于是更加坚定了马步芳的建桥决心。

在上述诸多因素的促使下，经过一段时间的筹备，小桥地区建桥工程于1937年春开工，技术负责人是刚从江西土木工程学校毕业回青的绽永贵。当时，河西走廊里的高台战斗已经结束，英雄的红五军在与马家军进行了半个多月浴血奋战后，数千红军健儿壮烈牺牲，伤病员大都被俘。一月后，倪家营子一战，红九军几乎全军覆没，前后有6000多人被俘。1937年3月，被俘的红军官兵在马家军的押解下，经扁都口、中达坂来到西宁。“到达西宁时被绳捆索绑，衣着褴褛，惨不堪言！”随后，马步芳对被俘人员进行了全面“甄别”，1000多人被残杀、活埋，1000多人被押往兰州邀功请赏，3300多人被编为“新二军工兵团”，强迫从事开荒、修渠、建桥、修建营房、筑路等苦役劳动。由于小桥地区修桥工程已经动工，在马步芳的授意下，工兵团团长马腾调拨一部分被俘红军战士承担此工程的土方开挖、石方搬运和排水工程。三月高原，寒气袭人，许多战士衣不蔽体，没有鞋袜，只得用毡片裹足，“观者为之怵目伤心！”每天黎明即起，黄昏收工，工作时间长在12小时以上，而且一日三餐尚不固定，忍饥挨饿，倍受折磨。

凝聚着红军战士血泪的桥在1937年秋季竣工，马步芳以“施惠于西宁”之意，定名“惠宁桥”。该桥跨径50米，三孔，载重量为七吨，“桥墩及两头桥台皆以花岗石、白灰砌成”，桥面宽五米，两侧设有木质栏杆，涂黑灰色。由于桥面狭窄，只能容单车通过。西宁人顾洪泰先生曾说，(惠宁桥桥墩）石条上凿有楔形凹槽，石条之间用紫铜块嵌定，当年惠宁桥被拆除时他曾撬出一些铜块换过钱，由此可见，惠宁桥的工程质量是相当好的。

惠宁桥是当时西宁地区最好的一座桥梁，它的修建使西宁西郊的交通状况得到了极大的改善，人们再也不受淌水之苦，马车进城也较前便利，同时也带动了小桥地区的发展。到 20 世纪 40 年代中期，马步芳的所谓“八大工厂”中的洗毛厂、皮革厂、机器厂、玻璃厂、三酸厂等相继在小桥修建，作为马步芳家族官僚资本企业，在掠夺青海各族人民财富和资源的基础上，为马氏家族谋取了更大的利润。可以说正是由于惠宁桥建成后小桥地区的发展，培育了青海现代工业的萌芽。

在青海的桥梁建筑史上，惠宁桥作为马氏家族统治青海 40 年中修成的一座较好的桥梁，也只存在了短短的 20 年。

通济桥

通济桥，今西宁西门南川河上的桥名。据明万历年间由西宁兵备道刘敏宽和同知龙膺所撰的《西宁卫志》记载，当时叫振武军浮桥。可见振武军浮桥是这里见于史册的最早桥名。清乾隆年间杨应琚编纂的《西宁府新志》中附载的《西宁城区图》中，南川河上的桥就叫“南川河桥”，河边并有看河楼，看河楼似乎就是一座河边观景的建筑。《西宁府新志》中所绘的桥是提督兼西宁总镇冯允中于清雍正十年（1732 年）修建的，也许这次工程质量较好，一直安安稳稳使用了 80 余年。

清同治年间，西北爆发了以白彦虎为首的反清斗争，经十几年的战乱，整个西北地区满目疮痍，史载陕甘两省“汉回民众空乏大半。”同治十三年（1874 年）正月，河湟事件平息后，西宁办事大臣豫师返宁，到光绪三年（1877 年），他和西宁道邓承伟“目击时艰，凡百废之事，莫不备举。”于是将战乱中毁坏的南川河桥拆除重建，并定名为“通济桥”。此后，这一桥名一直叫到了青海解放。通济桥修成到 1917 年的 40 年间，虽经西宁镇总兵郑连拔、罗平安等先后率兵重修，但一次次又被洪水冲毁。如光绪二十四年（1898 年）西宁办事大臣阔普通武就曾“鸠工庀材修桥，并设井栏百四十尺有奇，费廉而工坚”，一年后工竣，当时的西宁知府兼兵备道燕起烈曾专门撰《重修通济桥记》以记其事，但 18 年后又被水冲毁。

民国六年（1917 年），时任甘边宁海镇守使的马麒委派祁中道督工，率兵重建通济桥。这次修的“桥面两侧置棂格护栏，（还有）秋叶牙板、吊垂，均油漆彩画，十分壮观。”据说桥的东西两岸还用条石及大青砖垒砌码头，桥头两端的路两侧还建有红色矮墙，作为过桥的引路通道。东侧通道南墙上还镶嵌一块碑石，详细记载了建桥的情况。两侧通道进口处各建有一座木结构的四柱三楹三楼过桥牌坊，小巧玲珑，风格典雅。牌坊的门楣上悬挂牌匾，上有前西宁办事大臣豫师的题字，东为“豁然贯通”，西为“乃克有济”。

重建的通济桥东通西门瓮城南门，西接当时还比较简陋的纸坊（即现在的纸坊街），但色彩斑斓的雕栏画柱、古色古香的过桥牌坊，已使这里成了西门外的一景。除了交通的功能外，又成了人们的一处休闲去处，就像曾任西宁劝学所所长的基生兰先生就写了两首《游通济桥》诗，抒发了游桥时的深切感受“麒麟河上画桥新，只见长虹不见麟；麟去不知何日返，暂骑驴背学诗人。”“山脉蜿蜒水脉迢，绿杨荫里露虹腰；何日得遂男儿志，驷马高车过此桥。”

民国三十七年（1948年）8月，西宁南川突降暴雨，南川河暴涨，通济桥被洪水冲毁，青海省政府主席马步芳闻讯赶来，神情沮丧地站在河边，面对通济桥冲毁后的残迹和滔滔洪水，颓然感叹：“完了，完了！”谁知一语成谶，刚刚一年后，马氏家族在青海的统治果然完了。

莫家路黑桥

莫家路黑桥，位于西宁城西莫家路（今兴海路）东端南川河上。此处原无桥，由于大同街壑口（尕西门）开挖后，为了从莫家路进城方便，修建了便桥。桥为木质桥，形制较为简陋，栏杆梁架均未油漆，由于日晒雨淋，呈黑灰色，所以人称黑木桥或黑桥。1999年黑桥被拆除，原址建起一座廊桥，有人称其“华丽靓装，雍容华贵，人称市场桥”，2014年因建新桥而又被拆除。

洪水桥

洪水桥，位于南川河上，东通南川东路，西接尕庄。南川河上本无洪水桥，当年为了引水灌溉田地，修了一座横跨南川河的水泥渡槽。渡槽修成后，不断有人冒险踩着渡槽边沿就近过河。后为了人们安全和生活方便，有关部门在渡槽上铺设水泥盖板，两侧安装护栏，使之成为一座简易桥梁。桥梁宽1.3米，长86米，仅供行人通行。后来3路车通往水磨后，公交公司在这儿设置公交站点，定名“洪水桥”。从此，这座简易便桥渐渐出了名。

扎麻隆桥

扎麻隆桥，桥址在扎麻隆村南湟水上，现已无存。扎麻隆地处湟源峡（西石峡）东口湟水北岸，东距西宁约 32 公里。从西宁走到这里正是人困马乏的时候，所以村中大道两旁，设有车马店、小商铺和几家饭馆，俨然成了一段不长的街道。扎麻隆虽与隆奔部落的大本营——国师营隔河（湟水）相望，冬天尚有冰桥，其余时间渡河，仅为临时搭建的便桥，常常水冲桥断，人们只得望河兴叹。清光绪二十七年（1901 年），丹噶尔人张永寿慷慨捐资，倡议修建扎麻隆桥，修成后极大地改善了这里的交通状况，《西宁府续志·建置》中就记有其事。张永寿所修桥是一座“握桥”，位于今扎麻隆村前，20 世纪五六十年代尚能看到其残迹。

济通桥

济通桥，位于大通桥头镇一号桥所在地，它的前身曾叫永安桥。河西岸的长城通道被称为西闇门，史书上说：“新城（北川营）之北有闇门焉，名永安关，关下水滩，三川汇流而南行，永安桥即在是，南至西宁城，北至北达坂，惟此扼其冲。”桥头镇地区当年作为边防要地，青海长城经过这里，曾建有长城的附属设施——苏木连河水洞榨。水洞榨不但起到了军事防御作用，而且为人们过河提供了一定方便，久而久之，人们把这里称作“峡口”。“海寇”之患结束后，当局在苏木连河水洞榨的基础上，改建为桥，定名“永安桥”。永安桥建成后，作为连接北川去今东峡，进而去郭莽寺、却藏寺等的交通要道，曾多次被洪水冲毁。据史料记载，清光绪、宣统年间曾经进行过大的维修。民国二十年（1931年），当局在原址修建了4孔、长15米握梁式石墩木桥，定名“济通桥”，这是几百年来在这里修建的较好的一座桥，今大通桥头镇之名即缘于此。

峡门桥

峡门桥，又名喇嘛桥，位于大通宝库峡口。据编撰于民国八年（1919年）的《大通县志》记载：“峡门桥，去县城（大通城关镇）东北一十里，居峡门山左，俗呼为窝桥，亦谓之喇嘛桥。（桥）跨拔科（宝库）河水，为县城出东北路之要隘。原桥久圮，清光绪三十二年重加修创。”

长宁桥

长宁桥，建于唐代。据《新唐书·吐蕃传》载，唐玄宗开元二十九年（741年），“虏乃悉众四十万攻承风堡，抵河源军，西入长宁桥，安仁军，浑崖峰骑将臧希液以锐兵八千破之。”据文献考，长宁城在西宁北，史载有长宁县、长宁亭、长宁川，长宁桥即在北川河上。

力田桥

力田桥，在湟源城关镇龙王庙南的湟水上，由于这里是药水和湟水汇合处，河东和河南均有大片田地，《丹噶尔厅志》记载："一连二桥，专为民赴河南力田而设，故名力田桥。"由于当时条件限制，建桥结构较为简陋，"夏时水涨撤其桥梁，水落则建。"

万安桥

万安桥，木架桥，位于湟源城关镇东沙沟上。清道光二十四年（1844 年）由丹噶尔同知黄文炳创修。城关镇，古称丹噶尔，所在地是千百年来北山大垭壑两侧山洪冲积而成的扇形台地，台地两侧是经洪水多次改道而形成的东、西沙沟。丹噶尔建城后，经过东沙沟而逐渐形成的摆摊市场被称为"永寿街"。《丹噶尔厅志》中记载："永寿街，出东门东行即是。"由于东沙沟夏秋间不时会发生山洪，妨碍着人们的通行，于是丹噶尔厅同知黄文炳在此督建了一座桥，并定名"万安桥"。《西宁府续志·新设丹噶尔厅》一章中说："万安桥，在东关沙沟什字，道光二十四年（1844 年）同知黄文炳修，上有四坊。同治二年（1863 年），二坊被焚。"就像西宁因"新宁桥"而后有新宁路一样，人们把这条街也叫作"万安街"，真正的名称"永寿街"反而只存在于一些史料中了。

天边月牙桥

天边月牙桥，位于今西宁南川东路北端与南山路西段交汇处，上南禅寺的必经之地。当年这里原有一条引南川河水的水渠（南灌渠）流过，为了便于路人行走，有人在时称南沟沿的水渠上，搭盖半扇废弃的水磨磨扇，权且当作“桥”来使用。这片磨扇除了供人们过渠之外，临近人家的妇女也常带家中脏衣、布单来此浆洗。年深日久，本来就是半片的磨扇，渐渐成为月牙状。不知是哪位富有文采的先生突发奇想，将其起名为“天边月牙桥”，一时间被大家所认可。新中国成立后，随着南山路和南川东路的建成，天边月牙桥已不复存在。

一窝猪冰桥

一窝猪冰桥，西宁旧时冬季湟水上的一冰桥名。西宁地势高寒，明嘉靖年间任西宁兵备道副使的路珠曾说西宁“三春未放柳，六月已飞霜”，你别小看今天那纤细而羸弱的湟水河，当年也有过汪洋恣肆的壮观场面，“把钓人来春涨满”（清人张思宪），“昨夜雨多春水生，一波忽起一波平”（清末基生兰），所以曾经以“湟流春涨”之名，被选入了古湟中八景。那时，因受修桥材料的限制，每遇夏秋水涨，春日冰融，桥常因“水挟木去”，人们只得“望河兴叹”，饱尝了渡河之苦。可是到了冬季，一夜间北门大河却“顿失滔滔”，一改旧观，宛如一束银链，横卧在萧瑟的大地上。正如明代御史李素的《西平赋》中所说：“冰坚丈许兮秋凝，潦涨百州兮冬涸”；清末西宁名士基生兰在《冰桥》诗中所说：“一夜北风寒正多，大河冰结静无波”；尚青也说：“昨日还惧渡河险，忽见眼前镜面平”，由于大河冰封，渡河时人们再也不必“望河兴叹”，再也不必绕道去寻有桥的地方。所以过去每到冬季，洁白的冰封河面上到处都有行人留下的一道道土黄小路，行人、车马常彳亍在这便捷的冰道上。

尽管冬日的河面上到处都可以通行，但人们走得多的地方，还是那些路径便捷,且是冰面平整的地方。你别看这下面还涌动着流水的冰层，在寒冷的冬日里，却“壮坚不假人工造，宽原能容车马过”，车曳马驮，其坚如石；迈步其上，脚下如砥，所以人们俗称其为“冰桥”。

在过去冬日那寒风刺骨的日子里，冰桥确实为老百姓的出门提供了不少方便，不但免了许多绕道之苦，而且就近寻路，十分方便。难怪当年文人雅士的诗集里，也不乏歌咏冰桥之作。像西宁地方史料中，就收有李协中《冬雪行旅》、基生兰的《冰桥》等咏冰桥的诗作。

西宁的“北门大河”上,我们的先辈修的这些桥,因水冲、失修等原因,时建时毁,多数已“玉殒香消”,只留在地方史料中。而天公作美的冰桥,却年年如约而至，悄无声息地给人们提供了极大方便。小峡西口北有傅家寨，南有杨沟湾，两村隔河相望。河床中有一处巨石相聚，夏季水涨时不见踪影,每遇枯水时则黑魆魆地露出水面,人们形象地俗称其为“一窝猪”。隆冬时这里因山高峡深,白茫茫一片,人们就近过河,甚为方便,因此称其为“小峡一窝猪冰桥”。

康王墓

康王墓，又称康王陵，即秃发利鹿孤墓，位于西宁东郊外东滩，现已无存。南凉第二代王秃发利鹿孤死后，谥康王，所以称康王墓。康王墓因墓冢似山，人们俗称为“小圆山”。《甘肃通志》记：“秃发利鹿孤墓，在西宁县南”；《十六国春秋》记：“利鹿孤葬之西平之东南”；《西宁府新志》载：“南凉康王墓，在县（西宁县）治东南山麓”；《晋书·载记》记：“秃发利鹿孤死，葬于西平之东南。”

南凉作为“五胡十六国”时期的一国，立国18年，历三主。尽管兴亡匆匆，但却在青海历史上留下了重要的一笔。晋隆安元年（397年），秃发乌孤自廉川堡进军湟水谷地，击乙弗，袭折掘，开疆河外，雄踞河湟终于建立了以乐都、西宁为中心的南凉政权。正如清末西宁名士基生兰在《湟中怀古》诗中所说：“郡开西海权奸置，都建南凉兄弟传”，秃发乌孤酒后坠马伤肋死后，遵母命传王位给二弟秃发利鹿孤。秃发利鹿孤在武略方面虽不及其兄长，但他继位后，能承父兄之志，察纳雅言，以修国政。如将军伦勿仑请求安置内地移居河湟的人，劝课农桑，以供军实；史暠上书请建学校，开庠序，“选耆德硕儒以训胄子”，具被秃发利鹿孤采纳。他亲自选拔田玄冲、赵诞为博士祭酒，联师徒，教弟子，收到了很好的效果。由于南凉重视教育，10余年间，人才济济，很为邻国敬服。如后秦姚兴的尚书郎韦宗出使南凉回国后慨叹：“命世大才、经论名教者，不必华宗夏土；拨烦理乱、澄氛济世者，不必《八索》《九邱》，……冠冕之表，复自有人。”言辞之间，充满了对当时认为地处边远的南凉政治、文化的赞许。可惜天不假命，秃发利鹿孤只执政短短的八年，嘉平元年（407年）即患病死，葬于西平东南。

据在新生砖瓦厂工作大半辈子、已故李如鑫先生说，康王墓土层厚达35米，西距苦水沟约300米，南距山根约150米，北距西宁名士来维礼墓约500米。康王墓封土堆规模宏大，墓高达20米，呈四方形，边长达100多米。由于形体巨大，故人们称之为“小圆山”。民间传说，康王墓的风水极佳，“头枕铁砂帽（指大圆山），脚蹬大印盒（指湟水北的一颗印），占尽了西宁的风水。”我省文史学者巢生祥老先生家的祖坟就在小圆山附近，他曾多次去那里祭祖，对那里的环境是十分了解的，就在新生砖瓦厂二号轮窑南。1955年春，他祭祖时曾登上小圆山，发现顶部直径达20米，其四周和顶部战壕遍布，是马步芳军队训练时开挖的。1956年，经西宁市人民政府批准，小圆山一带土地划给省劳改单位，作为新生砖瓦厂烧制砖瓦的取土地。为了加强对劳改人员的防守，劳改单位曾利用小圆山作为制高点，在墓顶设置固定岗哨。

据李如鑫先生说，虽然用黄土在东滩平地上堆起这么高大的一座封土堆，但小圆山四周土地平坦，没有坑洼，可见封土是从远处运来的。在1600多年前靠人工堆积起这样一座小山，工程实在可谓艰巨。小圆山和周边的土层，经几十年的开挖利用，早已变成块块砖瓦，砌进了西宁幢幢大楼中，没有了康王墓的土场照片至今还保存在几位老人的手中。

祁秉忠墓

祁秉忠墓，位于西宁南滩，今已无存。《西宁府新志》载：“太子少保援辽总兵左都督祁秉忠墓，在县（西宁县）治南二里。”当年地表隆起的墓冢高6米，直径约16米，周围有残存的陵园建筑，园门前有石狮、石马各一对，龟趺一座；台基后有风化了的红砂岩雕琢的石马、石人各一对。

1957年12月，省文物管理委员会配合南滩基本建设，对墓葬进行了发掘。墓葬由墓门、甬道、明堂、耳室、主室等部分组成。墓顶用青条砖错缝并列成券顶，墓壁用青砖错缝平铺砌成。墓门为门楼式，仅残存木质碎片。门楼顶部铺设筒瓦和板瓦，砖砌飞檐，飞檐下游撩檐枋，檐下用砖雕做斗拱，拦额下刻有隶书“百世流芳”匾额，左右用砖浮雕“苏秦望母”、“李林挂剑”等历史故事。主室门框用砖砌成，过梁用木料，其顶部用砖雕成山水，过梁与券顶间的拱眼用雕花砖封堵。左室无门，用砖封死，右室有一个盗洞。由于墓室早年被盗，祁秉忠尸骨尚存，夫人王氏尸骨凌乱，仅获墓志两方，一方为祁秉忠墓志，一方为王氏墓志。另有木制烛台两个。

祁秉忠（？—1622 年），蒙古族，元代甘肃右丞朵儿只失结第九代孙，明万历十九年（1591 年）袭职任西宁卫指挥同知，后以军功迁任洪水游击，改任西宁镇海游击，升任甘肃参将；万历四十四年（1616 年）调补永昌卫（今甘肃永昌）参将，驻防河西。蒙古银定歹青率千人到永昌侵扰，时任永昌参将的祁秉忠当即率领 300 人前去抵御，在众寡悬殊的形势下，祁秉忠孤军奋战两昼夜，等待援军赶到，解救出被银定歹青掠走的群众和牲畜。老百姓心怀感激之情，在祁秉忠坚持战斗的地方竖立纪念碑，上书“湟中将军手刃三虏孤军战胜处”。之后，祁秉忠升任凉州副总兵、甘肃总兵官。东北女真族兴起后对明王朝步步紧逼，祁秉忠受命任援剿总兵官，率兵万人驻防闾阳。天启二年（1622 年）在平阳与女真兵交战时，明军统领前锋的孙得功里通外奸，将后队祁秉忠等部暴露在前。在混战中，祁秉忠奋力拼杀，身中三箭两刀，被亲兵扶上马后，仍坚持战斗，突出重围，但终因伤势过重，在半路上不幸创裂而亡。明王朝追念他的功劳，追封他为太子少保、左都督、指挥佥事，世荫三级。运柩数千里归葬西宁南滩，并在东关大街建起一座“报国输恩坊”，以纪念这位血洒辽东的蒙古族爱国将领。《明史》有传，入西宁乡贤祠。

李文墓

李文墓，位于西宁北川旱坪山，《西宁府新志》载：“明高阳伯李文墓，在县（西宁县）北十里旱坪山，下有祭碑。”今已无处可寻。旱坪山，地处长宁川西侧，山分八棱，一水（北川河）前绕，李文墓靠山面水，堪舆家认为是一处风水宝地。

李文（1405年—1489年），字孟华，陕西华阴县人，会宁伯李英从子，世称“西伯府”。李文以军功起家，因从征有功，升西宁卫指挥佥事，专抚番夷。以功升都督同知，佩征西将军印，充右军都督府都督，任总兵官镇守大同；后偕宣府总兵官杨龙征剿老军营虏贼，封高阳伯，因“负资忠义，秉志纯良，将略素闲，战功克著”的原因，于天顺二年（1458年）三月受赐“誓书铁券”，以表明英宗朱祁镇“朕既不忘尔勋，尔亦毋忘朕训”之意，“誓书铁券”今藏青海省档案局。该铁券“如一块黑色瓦片，呈弧形，含腹鼓背，系生铁铸成。上有明英宗皇帝诰喻制文，每字1平方厘米，阴文嵌金，金书灿然。”誓书铁券明确规定，受赐者凭着这一铁券，犯法时可以免一次死罪，所以人们又把它叫作“免死铁券”。铁券上的文字鎏金，光彩耀目，所以又称“金书铁券”。清代西宁诗人祁松年曾写了一首《读李指挥铁券》的诗：“高阳伯出大明时，树立功勋四海知。定乱安居连奏捷，封茅裂土最相宜。名标史册光千载，勇压西陲服众夷。感动英宗颁铁券，公然宠爱见乎辞。”后以失机罪降为都督佥事。又因在延绥杀贼有功，仍升为同知。明孝宗弘治二年（1489年），89岁的李文在西宁去世，讣告传至京师，皇帝追念其功，仍赠高阳伯，赐祭葬。儿子李镛承袭爵位，为西宁卫指挥使。

李文祭祀灵牌位现供奉于湟中李家山乡河湾村一李姓族人处，灵牌高约30厘米，宽约13厘米，上书“始祖特封奉天翊卫宣力武臣特进荣禄大夫柱国高阳伯右军都督李公文位。”

柴国柱墓

柴国柱墓，又称大哈门墓，位于大通黄家寨乡大哈门村，地处清水沟脑，娘娘山东麓，今已无存。《西宁府新志》载：“太子少保左都督总兵官柴国柱墓，在县（西宁县）治北六十五里清水沟子。副总兵时秀墓附焉。次子甘肃总兵时华墓今无考。”柴国柱墓地所在地有条清水河，水源是从娘娘山流出左右两股水，流至墓前汇合，然后东流出沟注入北川河。

1958年时，墓周围尚有土墙围定，土墙长88米，南北50米。据说墓园原有封冢35座，南北横向排列成行，并有石牌坊、石碑、石人、石马、石狮等。据大通训导问昙、增生梅汝调所著《邑草志·柴家坟记》记载：“碑高皆九尺，龙冠虎座。前建石牌楼一座，三楹，上书‘钦赐祭葬恩荣一品’。左右列石人四，石马四，石狮二。”1976年8月至9月，清水沟要修筑大哈门水库，为配合水库建设，省文物部门对柴国柱墓进行了发掘。发掘时，墓园仅存几个封土堆，地面其他设施已被破坏殆尽。柴国柱墓为长方形石室墓，用黄褐色岩石错缝平砌，以白灰作浆，共8层。柴国柱尸骨尚存，用多达20层的衣物裹成柱状。墓内有墓志一方，阴刻篆书，计 67 字；墓志铭为阴刻楷书，计 1634 字，详细记载了柴国柱的一生，与《明史》《明实录》《明史记事本末》《西宁府新志》等史籍大致相同。随葬物品有铜、锡、玉器和货币等，特别是玉器，制作非常精美。柴国柱墓的发掘，为研究青海地区明代墓葬形制、衣冠制度、随葬品的陈设等提供了宝贵的实物资料，也为古代建筑、艺术、书法、绘画、雕刻等方面的研究提供了不可多得的素材；尤其出土的墓志铭，是研究明代青海地方史的重要史料。

柴国柱（1569 年—1627 年），字擎霄，西宁人，史载“壮勇足智，善骑射，击寇两川，勇冠三军。”原是西宁卫中军守备，曾一度率部镇守今西宁火车站后王家庄地界，以保护兰宁大道的通畅。后在被称为“湟中三捷”之一的西川之役中，因冲锋陷阵，战功卓著，升任都指挥佥事；在萨尔浒大战前，以都督佥事身份，“带家丁星驰出关”；又因石灰关之役中，“以孤族击猖狂之寇，中矢带镞，斩二十一级，名闻京师。”因而擢升为总兵官，镇守陕西；后又加封为右都督“移镇沈阳”，是朝廷倚重的边庭大将。其子柴时秀亦官至辽东总兵官，后不幸捐躯疆场；次子柴时华也历官甘肃总兵，史载“与父兄一样，俱骁勇。”明天启七年（1627 年），柴国柱不幸病逝，天启帝闻讯，专门下诏特进光禄大夫、柱国少保，以朝廷命官的规格给“故总兵祭葬。”

祁肇周墓

祁肇周墓，在西宁南川西侧享堂沟。

祁肇周，明西宁副总兵、西祁土司祁德之曾孙、祁廷谏之二儿子，墓园所在地就成了今天湟中总寨乡的享堂村，村后山沟因之而就称为享堂沟。

祁肇周父子在世时，正是明王朝风雨飘摇、岌岌可危之时。明崇祯十五年（1642 年），李自成起义军鲁文彬、贺锦先后率部攻打西宁，当此形势危难之际，西祁土司祁廷谏“聚众泣告曰‘事势至此，有死而已’兴周（祁廷谏长子）曰‘国家豢养之恩报在此时，儿等当以死战求济！’”之后，土司祁廷谏、李天俞等组织了西宁保卫战，鲁文彬战死于西宁城下；贺锦中伏，捐躯于伏羌堡（今湟中徐家寨）。是年冬，起义军辛恩忠再次率部攻破西宁，认为“灭贺（贺锦）之举由于祁氏，获（祁）廷谏，系累以去。”当祁廷谏、祁兴周父子被押往西安大狱时，祁肇周欲以身代兄负罪，祁兴周瞅机会给祁肇周说：“吾父子咸死无益，曷走青海乞兵？以图复仇。”祁肇周却说：“兄适外乞兵，父及于难，我不可不奔也。”史料中记述了大难当头时，兄弟争相赴难的手足亲情。

将军坟

将军坟，位于大通向化乡将军沟村西，约 1000 米处。这里四面环山，中间是一片平滩，将军坟就建在平滩的中央。这是一座用乱石堆砌成的、高约 9 米的圆锥形坟堆，底部直径约 10 米。虽然村名与这个坟堆有关系，但墓主人身份及墓葬年代均不明。据《大通文物志》记载，为明代古迹。这里地处边远，坟堆保存状况完好。

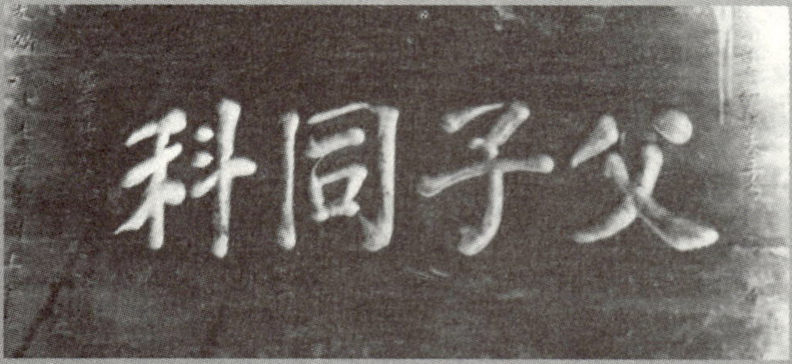

父子同科匾拓片

北门外蝴蝶楼

孙中山先生纪念碑

抗日阵亡将士纪念亭

虎台（北侧）

西宁虎台（南侧）

长城闇门

烈女坟

烈女坟，位于瓦窑沟东侧东川大路边，西临大校场，西南不远处为来维礼墓，葬乾隆初年西宁烈女贾玉玛之坟，今已无存。据《西宁府新志·献征·烈女》记载："贾烈女墓，在县（西宁县）治东五里道旁，有石碣存焉。"

贾玉玛，西宁道典贾洪基之女，生员贾必选之妹。按当时习俗，贾玉玛年幼时即许配给本城人周琦为妻，尚未过门。当贾玉玛年届 18 岁时，周琦却患急病而死。讣告送至贾家，贾玉玛当即痛哭失声，撕裂头上所戴首帕，请求父母答应她去登门哭祭。父母考虑到她尚未过门，以姑娘身份去赴丧，不合情理而没有答应。从此，贾玉玛身穿素衣，"终日号泣，水浆不进者凡七日。见者皆为之流涕"，父母怕女儿一时想不通出事，极力劝慰，并命贾玉玛的弟弟妹妹环守，以防不测。但贾玉玛抱着必死之心，乘家人不备，自缢而死。时有一姓金者闻之，慨然为埋葬贾玉玛捐出自己的田地。"两家求合葬"，合葬东郊旁，时人称其墓为"烈女坟"。贾玉玛死后数年，杨应琚任西宁道佥事，后闻其事，亦感伤不已，并为之作《皇清贾烈女传》，收入《西宁府新志》中。《贾烈女传》中，杨应琚先生以凄婉的笔调记述其事："至今郊外五里，岿然高冢在焉。余初莅湟中，求问其所谓烈女坟，即在东郊道左。至今每过之，低回感叹，不能去云。"西宁兵备副使冯如京曾作《吊贾烈女》一诗："歌风叹息柏舟篇，况是青闺未字年；别母心悲素练下，望夫泪涌碧山前；花魂冉冉飞云远，玉骨沈沈晚月鲜；为读长沙伤鹏赋，孤舟奇节并堪传。"

贾玉玛之后，西宁、湟中、大通、湟源、贵德等各地先后都出现了贾玉玛式的烈女。如光绪初年的胡平安、光绪二十一年（1895 年）的吴玉桃等。胡平安，丹噶尔人，曾许配给同城人李永睦，还没有过门，李永睦却病死。据《丹噶尔厅志》记载："女偕父往吊，至其灵前，一叫而绝，盖预服毒也。"吴玉桃，湟中西堡葛家寨村民吴有祥的女儿。清末西宁名士来维礼曾去过葛家寨，人指村后烈女冢，"私心悲叹者久之"，于是作《旌表烈女吴玉桃传》，也收入《西宁府续志》中。吴玉桃和贾玉玛一样，自幼许配给同村人胡进福。光绪二十一年(1895 年)5 月，胡进福患疾症，"女闻之，焚香吁天，愿以身代"，可惜胡进福已病入膏肓，无力回天，不久即去世。等到讣告送至，吴玉桃随即除去佩饰，哀恸求奔丧。"父母不允，女日夜号泣求死"，双亲无奈之下，答应她前去哭奠，谁知她奔至胡进福家后，竟"抚棺吞声，一恸而绝。"来维礼在《旌表烈女吴玉桃传》中说："吾湟烈女，弱女耳，生长蓬门，未尝学问，非贵家大族习女训者（可）比，当夫永诀之时，皆能怡然捐躯，从容就义，至情所激，终古所悲。"

国民军义地

国民军义地，指阵亡于西宁的冯玉祥国民军墓地，位于南禅寺脚下、今南门管理站一带，今已无存。民国十八年（1929 年）1 月 18 日，冯玉祥部孙连仲率 3 万国民革命军进入西宁，20 日，青海正式建省。已在河州起事的马仲英（尕司令）经保安、贵德，翻越拉脊山，扬言要夺取西宁。也许是为了试探防守西宁的国民军虚实，正月初一，马仲英派出的一部取道鸳鸯沟，翻山直指享堂沟，显示出一副欲攻取西宁的样子。他们手持大刀、长枪，呼啸着从星家庄（在享堂沟沟口南侧，北侧为享堂村）西边的大墩岭上冲杀下来，正当村民魂飞魄散之时，这些人却突然左转，偃旗息鼓，“绕过白崖，进了享堂沟。”孙连仲属下鲁崇义旅（九十二旅）第一团第一营见状，在营长王士诚的带领下前去迎击。

王士诚，河南洛阳人氏，武昌步兵学校毕业。按理说，当时应请个熟悉当地情况的向导，但他却刚愎自用，贸然率部冲进了享堂沟，恰好中了对方的奸计，钻进了人家预先设好的“口袋”。马部起事者在大墩岭前坡虚晃一枪后，早已进沟占据了车头坡、陈家窑、毛鸡湾、张脑村、火烧沟、小湾尔等山头制高点，只等瓮中捉鳖了。可怜王士诚带领的400多名河南籍年轻士兵，像没头苍蝇，在人生地不熟的山沟中，东寻西找，直到搜寻至车头坡，迎来的却是一片枪林弹雨和明晃晃飞舞的刀光。在一阵砍杀中，除了营长王士诚一人逃脱外，全营覆没。逃出享堂沟的王士诚因临阵脱逃，随后受到军法的严惩。一团团长雷春泽也被撤职查办，池峰诚继任团长。为了安葬这些阵亡士卒，新成立的青海省政府当局划出南禅寺脚下原朱仙塔院北侧的一片地皮（邓家花园，今南门管理站一带），作为国民军义地。受当局命令，西宁所有杠房家（经营殡葬业务者）全部出动，在朱仙塔院北侧挖好了400多个墓穴，准备好了400多口松木棺材，并为死者温水洁身，换穿崭新军装，等候隆重的安葬仪式。届时，青海省政府主席孙连仲亲率省府大员致祭，每个坟堆前树有死者的“英烈牌位”，坟院大门上书“国民革命军义地”，两侧对联为省政府秘书长袁其祓撰题：“万丈白虹，马首是瞻；一抔黄土，豹死留皮。”尽管安葬时轰轰烈烈，但国民军很快撤离了青海，义地再也无人照看。10余年后，坟院土地划拨给青海省立西宁职业学校，作为该校的园艺技术实验基地。“义地”遗迹已荡然无存。

孙中山先生纪念碑

孙中山先生纪念碑，位于西宁小校场。1925年3月12日孙中山逝世，3年后的民国十七年（1928年），西宁建成孙中山先生纪念碑。纪念碑高10米，下有八角基座，碑身呈四棱形，上有碑顶。材料采用本地所产的花岗石和菜绿石，工艺采用河州砖雕工艺，刻成精美的八卦塔形。中层分八面，前两面刻有孙中山先生的《遗嘱》和《训词》，为黎丹所书；其余六面刻有《孙中山先生事略》，为有名的书法家贾思复所书；上层为象征纪念性的雕刻图案，正面有“孙中山先生纪念碑”8个大字，周围刻有松、柏、鹿、鹤的浮雕。顶部安装有5个铜球，不但造型美观，别具风格，而且象征五族共和。

“文革”中，孙中山先生纪念碑碑文被砸毁，碑身还算瓦全。1986年5月27日，孙中山先生纪念碑被列为省级文物保护单位，按照城市建设规划需要，被迁往人民公园西北角。

孙中山先生纪念堂

孙中山先生纪念堂，位于西宁小校场北部孙中山先生纪念碑后，建于民国十八年（1929年），时正值青海建省三个月。孙中山先生纪念堂为砖墙瓦顶，面阔5间，进深12间，二层歇山式大屋顶。1986年5月27日，孙中山先生纪念堂与纪念碑同时被列为省级文物保护单位。为了城市建设需要，2001年12月，孙中山先生纪念堂被迁往西宁市南山公园重新安置。

抗日阵亡将士纪念亭

抗日阵亡将士纪念亭，俗称八角亭，建于1944年，位于西宁隍庙街（今解放路）路北原省图书馆院内，为纪念抗日战争中阵亡将士而建。

抗日阵亡将士纪念亭，为八角形木结构建筑，当时称为西宁第一大亭，建筑面积达80余平方米，亭高约7米，亭内有抗日阵亡将士纪念碑。纪念亭上覆灰瓦、花陶、八坡脊，下嵌巨檐斗拱，雕梁画栋，八柱间镶装木花窗扉，东面置门。亭四周砌条石台阶，亭貌华丽壮观。亭子周围植有椿树、国槐和桑树等西宁当年极为罕见树种，并配有松柏杂树，繁密成荫，景色十分清秀。抗日阵亡将士纪念碑建成后，西宁著名画家、诗人周月秋曾作有《题青海图书馆抗战将士纪念碑亭》一诗："昆山一片石，壮士万人血;民族赖以存，英灵永不灭;回首恨岛夷，何日扫其穴;勖哉我国民，抗战当剧烈；世仇深似海，大耻誓必雪；仰瞻金碧亭，千古峙隆碣。"新中国成立后，纪念亭又重新装修门窗，作为省图书馆的仓库。1987年6月3日，被西宁市政府公布为市级文物保护单位，但据《西宁市文物志》记载，亭内原有的纪念碑下落不明。自从省图书馆迁往城西新址后，这里已基本成为家属院，许多树木已枯萎。

虎　台

虎台，位于西宁城西杨家寨，民间俗称"谎粮墩"，并附有一段美丽的传说。据民国初年甘青名士周子扬测量："土墩高约10丈，趾方，各32丈，顶圆，径8丈许"。虎台是曾建都于乐都、西宁南凉王国遗留在西宁的重要史迹，当时曾被称为“方亭”。它是南凉国举行重大政治、军事活动的场所。“飞扬大纛接云汉，鼍鼓声中画角吹。鲜卑畏威来献马，青海部落拜台下。兵卫森列顾盼雄，观者如山语呕哑”，从后代诗人的想象中，可以体会到当时人喊马嘶、山动地摇的壮观场面。南凉作为“五胡十六国”时期的一国，立国 18 年，历三主。尽管兴亡匆匆，但却在青海历史上留下了重要的一笔。

20 世纪 60 年代前，城西川原平旷，出西门不远，即可见到大墩，“西平郡西矗层台，台势嵯峨出尘埃”，因而成为古城一景。历代文人登临凭吊，多有题咏。如明代刘敏宽《湟中三捷纪事》诗中就说：“亲提义旅虎台西，夜向荒祠藉草栖。”清末西宁诗人李焕章在《虎台怀古》诗中说：“君不见虎台突兀风雨中，满目萧条蓬蒿碧。”这里能触发人们思古之幽情。历经近 1600 年风雨沧桑的虎台遗迹，在政府的关心下，于 2005 年被建成“南凉虎台遗址公园”，已成为西宁市民休闲游览的最佳去处之一。

白塔城

白塔城，位于大通城关镇东侧。古塔建于何时，史无记载，因塔身遍涂蜃灰，色白，人们以色取名，称其为“白塔尔”。清雍正三年（1725 年），因形势所需，官府督军民在白塔附近筑城一座，派参将驻守。因塔命名，所以将新筑的城也叫白塔城。白塔城城高 6 米，底宽 5.4 米，顶宽 3.6 米，周长 1674 米。设东西两门，城楼两座，角楼四座，腰楼两座，月城两座，炮台八座，初设参将一员，后改都司。

乾隆二十六年（1761 年），清廷重新划分大通县区划，决定以达坂山为界，以北地区设立北大通，移大通县署于白塔城，后称白塔城为“城关”。城关东的原野上树林冉冉，草木遮道，长堤上一塔耸立，白绿分明，因而“古塔春荫”成为大通一景。

白塔城因伏羌伯毛忠在此平叛得胜的原因，又称“毛伯胜”，因这里地处要津，“大寒（达坂山）作靠，金娥（娘娘山）为屏，西倚黑林（黑林峡），东锁峡（宝库峡）口”，自古是兵家必争之地。明末时这里已“汉回杂居，各为村落”，老百姓平时都“弓矢佩刀，未尝去身。”由于这里“山环水衍，其土沃润”，就连明末清初人，《秦边纪略》的作者梁份都惊叹“此地之屋，皆高堂大厦，且有仓廒，男耕女织，还有老学究授四书、毛诗章句者”，给我们描绘了似乎像桃花源一样的一片升平景象。

黑古城

黑古城，位于湟中上新庄镇西的平畴中。它扼马鸡沟峡、门担峡大道，由当时统治青海东部的唃厮啰政权初建，称“溪兰宗堡”。溪兰宗堡呈正方形，边长 300 米，墙为“夯土筑，北向门”。北宋崇宁三年（1104 年），后任威州团练使的王厚进军河湟，在攻取青唐城（今西宁）后，“乘胜围溪兰宗堡。”王厚围攻溪兰宗堡时发生过激战，部将苗履、姚雄、高永年等“领劲骑”，经反复争夺，歼敌 2000 后，才收复了该堡。宋王朝改青唐城为“西宁”的同时，改溪兰宗堡为“清平寨”，并设知寨、兵马押使、主簿各一员，以管辖马鸡沟口、门担峡口这一地形险要的防御之地。史载北宋王朝的西宁州辖地“南至清平寨五十里”，可见当时这里是卫护西宁州的军事前沿要地。

清世宗雍正二年（1724 年），清政府平定了罗卜藏丹津叛乱后，决定改西宁卫为西宁府。西宁府下设西宁、碾伯两县和大通卫，贵德改为由西宁府管辖。为加强和保证赴贵德通道的安全，进而控制门担峡和磨石沟要塞，乾隆三年（1738 年），西宁道佥事杨应琚议请在原清平寨旧址的基础上，就险建城，设官增兵，改筑为新的军事防御要地，并责成西宁县知县靳梦麟等监工。在经过一年的筹备之后，筑城工程于次年 4 月 15 日开始，新墙就加筑在旧墙残垣之上，除正墙土筑之外，“女墙用砖，设南北二门，周回计长 232.8 丈，高 2.2 丈，根厚 1.8 丈，顶厚 9 尺。”

破塌城

破塌城，位于西川多巴镇，因城堡残破，俗称破塌城。破塌城是目前我省除西海郡及下属四城之外的汉代古城，即临羌新县县城。经 2000 多年的风吹雨打，到 20 世纪五六十年代时，此城基本上仍保留有全部轮廓，当时东、南、西各有一个“豁口”，正方形，边长约 250 米。1986 年曾被批准为省级文物保护单位，可惜的是目前已面目全非了。多巴地区现存有两座古城遗迹，这和《十三州志》作者、北魏人阚骃所说的“（临羌新县故城）在郡西一百八十里，湟水经其南，城有东西二门，西北隅有子城”相符，其西北的子城被当地人叫作“蕃城子”。据有的史料载，魏晋间西平郡临羌县迁于此地，史称临羌新县。之后，史书中常出现临谷城、历精城、林檎城、林精城、林金城、宁西城，均是临羌城的转音。破塌城南距湟水1公里，东距西纳川河（古临羌溪水）800米，西北依猪头山，这里曾出土了九枝铜灯、铜镜等重要文物，文化沉积层厚，证明过去人们在此城居住时间之长。

镇海城

镇海城，位于湟中多巴镇通海村，曾称临羌城、临蕃城。据现存青海最早的地方志《西宁卫志》（又称《西镇志》）记载:“临蕃城,在卫（西宁卫）治西，唃厮啰置，通青海、高昌诸国。”明代称为镇海城，说“（镇海城）西去卫治四十里，明万历二十一年（1593年）置游击府。”从明万历到清初的几次兵燹中，城墙墙体遭受严重损毁。后虽经修补，同治年间又遭到毁坏。之后，清安西军统领喻胜荣又率领军民进行了较大的维修，据《青海古城考辨》记载:“古城东西长307米，南北宽243米，城高8米，基厚6.4米，顶宽3.2米。设有东西二门，两月城有三面，长58米。”镇海城西门正门朝西，称“海西门”，门楼下镶嵌有清安西军统领喻胜荣题写的“固我边圉”的横匾，匾首题“统领安西马步全军提督军门前署理西宁镇海协镇都督府齐朗阿巴图鲁湖南湘乡喻胜荣题”，匾尾题“大清光绪七年（1881年）岁次辛巳桂月吉日立”字样；西月城门亦朝西，正对西石峡，“海西门”门额镶嵌于月城门顶。东门正门朝东,称“镇东门”,门楼下镶嵌有清安西军统领喻胜荣题写的“抚兹斯民”的横匾，匾首题有“统领安西马步全军提督军门前署理西宁镇海协镇都督府齐朗阿巴图鲁湖南湘乡喻胜荣题”，匾尾题有“大清光绪八年（1882 年）岁次壬午六月上浣吉日立”字样；东月城门却朝向东南方的乾沟口，“镇东门”门额也镶嵌于月城门顶。城头女儿墙上垛堞罗列，一律用中厚边薄的马脊形大砖压顶。根据喻胜荣题字的时间推算，镇海城修复工程历时 1 年多。所有匾碣材质均为当地少见的菜綠石，石质细腻而呈翠绿色。据当地老人介绍，碑材均采自拉脊山北麓的磨石沟，距这里有 10 余公里。镇海城于 20 世纪六七十年代拆毁，现已无存。

喻胜荣，清代湘军大将，湖南湘乡毛田镇崇山村人。因在同治年间屡立战功，光绪帝封其为振威将军（从一品武官名）。史载他曾在甘肃修筑了泾源县城，创建了泾源归儒书院，在西宁修筑了安西堡（今西宁五四大街小学地址），左宗棠曾为他撰联：“名将用心惟地理，圣门传业只官书。”

北古城

北古城，现仅存残迹，位于湟源八宝山南麓，青藏公路北侧。北古城依地势而建，北高南低，东、西、南三面城墙与断崖几乎垂直，北城墙因靠近大山，城墙外挖掘有宽 10 米的深壕（护城壕），壕的两端与山沟相通。古城虽历尽沧桑，但城墙迄今仍高达 7 米，棱角分明，马面依旧。尤其南墙因紧靠断崖，当年设计者将南墙分为两段，东段内收，互相错开，留出了向东的城门。为了加强防御，从东墙第一个马面起，沿二夹梁山脊东断崖，向南又修筑了一条长达 500 米的防护墙，直达湟水岸边，并在尾端筑起了高达 11 米的瞭望台。与此相配套的是，在城北高山上筑起了三个高达 19 米的瞭望台，高低错落，互为犄角。登上残存的城墙，那湟水与药水河交汇处的川原村树，定将一览无余。漫步城中，虽经数百年农民辛勤劳作，这儿已成为农田，但依稀能看得出当年横贯东西的城中大道和东北角的建筑遗迹，脚下的泥土中，碎砖、陶片等随处可见。据考古发现，这里文化堆积层达两米以上，曾出土过石马、石磨、柱础等文物，经专家考证，这些均为唐代遗物。

据史料记载，北古城最早建于南凉，时称“绥羌城”。由于南凉立国时间不长，此城很快被废弃。唐开元年间，唐王朝为了加强防御西陲，在陇右设置了 13 个军，其中设在今湟源地区的白水军按规模名列第七。白水军由唐将郭知运、张怀亮在开元四年（一说五年）设置，当时官兵 4000 人，马 500 匹，是唐王朝设在湟水上游最大的军事基地。鄯城（今西宁）为西部屏障，也是向青海湖地区进攻时的前沿基地。因此，南凉的绥羌城又成了白水军的“绥戎城”。绥戎城的得名源于绥戎峡，绥戎峡即“戎峡”，即今湟源峡。《新唐书·地理志》明确记载：“河源军（驻西宁）西六十里有临蕃城，又西六十里有白水军绥戎城，又西南六十里有定戎城，……石堡城，……其西吐蕃，有开元分界碑。”河源军在今西宁乐家湾，临蕃城即今湟中通海（镇海堡）；又可作证的是《西宁卫志》载“临蕃城，在卫治西”，古里小于今，北古城为唐代白水军绥戎城无疑。

据《丹噶尔厅志》记载，清雍正元年罗卜藏丹津叛乱时，“退以丹地（指丹噶尔）为巢穴，（罗卜藏丹津）与其妹阿宝分屯两城（指南北古城），为犄角之势，……”可见唐代的绥戎城在清代又派上了最后一次用场。

南古城

南古城，位于湟源大俄博山脚下扁炮台西的山坳里，与北古城隔河相望。由于城堡地处河阴，坡度较缓，土质肥沃，城周早已田亩相连。

南古城扼药水河与湟水的交汇处，由于地势开阔，不像北古城那样北窄南宽，而呈正方形，东西长 250 米，南北宽 245 米，南北各开一门，门外有瓮城。因地势所限，南高北低。现城墙残高尚有 18 米，底宽 15 米，上宽 2 米。南古城与《水经注》中所记的汉临羌故城位置相符。《水经注》中说："湟水又东，经临羌县故城北，……湟水又东，卢溪水注之。……湟水又东，经临羌新县故城南。"据专家考证，卢溪水即今湟源峡中响河尔东南的盘道沟水。20 世纪初甘青名士周希武亲历其地，他在《宁海纪行》中说："……西行越一土坡，土人谓之'二夹梁'，夹湟水南北，各有古城遗址。余疑县城东南湟水南岸之南古城址，当即临羌城也。"由此看来，南古城是汉临羌故城。但《丹噶尔厅志》却记载为，"清初罗卜藏丹津与其妹阿宝分屯两城（指南北古城），为犄角之势。今观二城建筑之年份，查设施之狡黠，耆老所传述，非无故矣。"到底南古城是已有的汉临羌城，还是清初罗卜藏丹津为需所筑呢？据考古工作者多次考查，无论从建制、保存状况，还是从出土文物分析，南古城是清代所筑城池。

哈拉库图城

哈拉库图城，位于日月山东侧，湟源日月乡境内。据《丹噶尔厅志》记载，哈拉库图意即"黑喇嘛"。传说当年有一个皮肤黝黑的喇嘛常年在这里托钵化缘，故渐成地名。《西宁府新志》中记载，哈拉库图城建于清乾隆三年（1738年），城内建有守备署、过街楼，城外设有演武场，并收录了历年镇守此城的将佐姓名及兵卒数目。《西宁古城考辨》一书中也收载了有关哈拉库图城的一些珍贵资料。说："城呈正方形，边长180米，基宽6米，顶宽3米，东西开门，四角有角楼"，现城墙残高4米。经文物考古部门对城墙上下部位夯层厚度不同的考察分析，认为此城系前后两次筑成，旧城年代至少可追溯到唐代。

哈拉库图城南靠野牛山，地处日月山垭口和本康草滩两条路的交汇处，西去可达青海湖地区，南通尕让峡谷可去贵德，北瞰药水峡，地理形势极为重要。哈拉库图城依山而建，濒水而筑，这倒很符合古人建城的原则。东墙前即有从野牛山下来的小溪，潺潺流过；南北墙顺山势筑起，像两条巨蟒，直上村后小山顶；山顶平坦，下看是山，上看是塬，是日月山东侧二级台地；西墙沿平坦的台地前沿修筑，马面高耸，土墙斑驳，整体显得十分雄伟。哈拉库图城设有东、西二门，东门临水而立，利于取水和补给；西门面临二级台地，便于瞭望和出击。现两门早已倾毁，东城墙两侧已与庄廓比邻，经200多年变迁，矮矮的城墙淹没在一片院墙之中，非经向导指引，已难寻觅。西门两墙相错，门南向，如今只留有一大缺口，颓垣残壁。

《丹噶尔厅志》说此城西门常闭不开，唯开东门，据传因"古昔有兵一旅，自西门出征没于阵，无一生还者，故闭西门。"另据当地老人介绍，这里当年还建有文昌庙、关帝庙、菩萨殿等庙宇，但都毁于20世纪的历次运动。

丹噶尔城

丹噶尔城，是藏语“东科尔”的蒙古音译，意为“白海螺”，位于今湟源城关镇，是青海历史上有名的古城，建于清雍正五年（1727 年）。丹噶尔城周长 2322 米，高 3.6 米，底厚 7.2 米，顶厚 3.9 米。设东西两门，城楼、腰楼、月楼各二，角楼四，炮台八，壕深 4.5 米，宽 9 米。驻参将 1 员，把总 3 员。清乾隆九年（1744 年），西宁道佥事杨应琚以此城为路通海藏交易之所为由，奏请县佐 1 员，议裁高台县（甘肃）主簿移此。道光九年（1829 年）设丹噶尔厅，改主簿为同知。至同治元年（1862 年），城垣、城楼大部坍塌，次年修葺，新增逻铺 90 余间，敌楼两座，炮台八座。光绪二十一年（1895 年），“河湟之乱”中，部分炮台、女墙又塌、逻铺全毁，后又修补。1929 年丹噶尔事件中，城上设施大部被毁。抗战时期为防日机轰炸，在南城墙上又开挖一通道。20 世纪 50 年代到 70 年代末，城垣大部被平毁，现仅存极少残迹。

改革开放后，在恢复城内古建筑的同时，在原址重建了拱海门（西门）和迎春门（东门），作为独具青海特色的文化名城，尽管留有城墙被毁的深深遗憾，但仍展现着独具特色的古老而灿烂的地域文化。

新　城

新城，大通城堡名，明代修筑。明代“海寇之患”起，明王朝为防守“孤悬塞外”的西宁卫，在周边筑峡榨，起边墙，设烽墩，建闇门。明万历三十四年（1606 年），连筑平虏、威远（今互助威远镇）、伏羌（今湟中徐家寨）三城，其中平虏城即在后来的北川营附近，位于今大通新城乡新城村。据《大通文物志》记载："（新城）现仅存部分残墙。原周长653米，高10米，基宽7.3米，夯土筑成，设东城门，现已破坏，仅存一小段城墙。"新城，又称北川营城。北川营，旧时西宁军营名，清代设置。史书上说："新城（北川营）之北有闇门焉，名永安关。"

苏家堡城

苏家堡城位于大通景阳川，建于清同治八年（1869年），至今城墙基本完好。据史料记载："清同治八年，苏家堡匪令驱乡间良民做工，筑土城。"苏家堡城呈方形，夯土筑成，设东西二门，东西长约500米，南北宽约400米。经百余年风雨剥洗，现存墙体尚高约10米，宽7米，顶宽3.3米。除各侧马面（南北两侧各有五个，东西两侧各有四个）保存完整外，四角的角楼台基基本上亦严整有序，上宽5米，下宽达9米。城内侧两城门边及东南、西北两角均有各长20米的马道，为城中人上下城墙的通道。没有女墙的城头仍平坦如砥，相距数十米一个的马面仍棱角分明，横平竖直，四面齐整，静静地仰卧在景阳川中。很难想象，在当年工具落后、人口稀少的条件下，民间能集数村之力，竟能修成这么一个浩大的工程。

苏家堡城是迄今我省境内保存最完整的一座古城。尽管当年的"砖包城"西宁曾号称"岩疆"，杨应琚、靳梦麟等也曾在数年内连修了黑古城、扎什巴、亦杂石等九座城，更远一点说，这里曾有过南凉的都城、唃厮啰的青唐城，但随着岁月的洗礼，现在已很难再寻到它们的根基了。垛堞罗列、马面高耸的古城已渐渐地只留在父老的传说中，而今天能见到的苏家堡古城却能使旧境重现，使你从一个偏僻农村现存的古城现状，推测到当年西宁作为府（卫）城的宏伟规模。

宁寿塔

宁寿塔，建于明代，位于西宁土楼山山顶。塔呈六角形，高五层，是西宁标志性建筑物之一。据史料记载，当时附近还建有牌坊、三官殿和雷殿等建筑。作为西宁士民闲暇时的一处游览胜地，人们常常光顾这里，就连西宁道佥事杨应琚也曾多次“登土楼之巅，穷浩门之源。”可以想象，那时这里殿宇巍峨，牌坊流彩，塔影夕照，清风满怀，多少文人雅士登高怀古，望远抒怀，写下了一篇篇脍炙人口的诗篇。“去年此日作重九，曾向山头醉一斗。”清代西宁县令靳昂的诗，集中地说明了这里是文人常常聚会的地方，多少“高阳酒徒”曾在这里喝得天翻地覆，难辨东西。宅明说：“众人步至前山巅，举袂凌空欲登仙。”不但记述了畅游的过程，更描述了宁寿塔下、土楼山巅目极八荒、心驰万里的酣畅心怀。“登高凭一览，多少俗心空”，朱向芳的诗更袒露了追求心灵净化的心迹，“孤塔五级摩云起，矗立高插白云里”，浓墨重彩地写出其高；“紫雾朝阳宁寿塔，松杉杨柳几人家”，则工笔描绘了这里的旖旎风光。

1916 年，已是清王朝寿终正寝后的第五个年头，民国肇始，似乎万物鼎新，古城遗老耆旧相约，对土楼山已残破不堪的宁寿塔进行拆除重建。也许是资金短缺的原因，当时建塔的“砖为明代塔上拆下来的大青砖”，原地构建，占地 25 平方米，塔高 9 米，五层六角，不仅古拙低矮，而且小气寒碜。2000 年，在有关部门的关注下，宁寿塔依原式重建。

塔呈六角形，五层，高约 15 米，周回 8 米，第四层镶嵌有林锡纯先生题写的“宁寿塔”三字，已成为北禅寺风景点之一。

八座如来宝塔

八座如来宝塔，俗称“八个塔儿”，位于湟中塔尔寺前广场。清乾隆四十一年（1776 年），由塔尔寺寺主阿嘉呼图克图三世洛桑坚赞嘉措和三世土观罗桑曲吉尼玛在蒙古群众中募资，塔尔寺第 31 任大法台关嘉·扎巴坚赞和拉科头人桑杰龙珠负责修建的，迄今已有 240 年的历史了。每座塔底周长为 9.4 米，高 6.4 米，方塔圆顶，造型美观，上饰以藏文经咒和各种吉祥图案。关于这八座如来宝塔的来历，据藏文经史记载，是纪念佛教创始人释迦牟尼的八件功德而修建的，名称分别为莲聚塔、四谛塔、和平塔、菩提塔、神变塔、降凡塔、胜利塔和涅槃塔。

尼纳塔

尼纳塔，又称菩提塔，藏语称为香曲却典，位于塔尔寺广场东北的尼纳噶日瓦旁，据说塔址是宗喀巴大师母亲香萨阿切当年拴牛的地方。尼纳塔周长 34 米，高 13.3 米，为典型的藏传佛教覆钵式塔体。尼纳塔建于明崇祯二年（1629 年）夏，由塔尔寺第四任法台喜绕华桑主持修建。塔通体呈白色，塔尖十三刹饰以鎏金铜伞，上承日月饰形，极呈华丽肃穆色彩。据史料记载，塔内胎藏有各派学者的额骨及泥塑佛像、铜制佛像等；塔体四周各有一只半蹲式的石狮子，俨然在尽职守塔。

四门塔

四门塔，俗称过门塔，建于清康熙五十年（1711 年）。初建时有四门，因塔位于赴塔尔寺的寺坡路上，原来人们赴塔尔寺礼佛，常从北门进，南门出，后封闭东西二门。四门塔用青砖砌成，上有斗拱状飞檐，雕刻有藏文经文和六字箴言。据说塔内装有宗喀巴母亲香萨阿切生前用过的生活用具，这里还是她扎过帐房的地方。世传只要人们从塔下面走过一次，就算礼佛了。近年，由于赴塔尔寺的道路改建，原来的寺坡路成为新路西侧的便道，人们要过四门塔，就得专门去那里了。

时轮金刚塔

时轮金刚塔，也称和平塔，位于塔尔寺花寺东南侧，小金瓦殿南侧，建于民国 31 年（1942 年）。当时正处抗日战争艰难时期，忽有一日，生长在花寺内的菩提树上生出灵芝，而且开花，僧人以为“祥瑞”。于是按照九世班禅大师祈愿和平的意愿，由欧曲仁波切设计，修建此塔。时轮金刚塔典雅秀丽，塔底周长 36 米，高 13 米，高三层，一层供四大天王，二层供金刚力士，三层供时轮金刚。时轮金刚塔方形圆顶，全塔涂白色，造型别致，玲珑挺拔，是塔尔寺所有佛塔中最大的一座。

积善塔

积善塔，位于湟中海子沟乡阿滩村南山坡上。积善塔高 8 米，塔基呈八角形，每边长 1.8 米，塔身分三层，每层顶部用青砖雕刻斗拱式仿木结构飞檐。最上层正面雕有积善塔匾额，有佛龛，雕有 10 层莲花和日月星辰图案。积善塔是湟中县级文物保护单位。

秋水阁

秋水阁，建于南禅寺三清殿侧，现已无存。当年，三清殿亦称“三清阁”，供奉的是道教信奉的三位住在三清天三清境的最高尊神，三清像多并排供奉在道观正殿。三清指玉清、上清、太清的合称，玉清指元始天尊（又称天宝君），上清指灵宝天尊（又称太上道君），太清指道德天尊（又称太上老君）。清代西宁名士来维礼曾作有咏三清阁的诗：“孤嶂飞鸟外，危岩一线通；有时云雾里，杰阁现空虚。”秋水阁位于其侧，北邻悬崖，亦是文人雅士登高望远，游目弛怀的散心之地，清代西宁诗人祁松年就曾作有《秋日登南禅寺三清殿侧秋水阁》一诗：“南禅乘兴再来游，爽气森然满目秋；万象萧疏人意远，凭栏远眺思悠悠。”

小西天

小西天，位于西宁南禅寺，在萧曹祠内，西临南禅寺悬崖。萧曹祠环境僻静，祠内院西另有小院门，进门则别有天地，有雅堂三间，四壁挂有名人字画，乃一处供文人雅士、游人茶客品茶歇足、雅集酬宾之地。只要客人到此，就由会首免费供应茶水。由于小西天建在悬崖之上，西侧开有三个窗户，居高临下，开窗即可俯瞰南川河两岸。当年西宁名士张思宪、基生兰等均曾在此会饮、赋诗，张思宪曾在《南禅寺题壁》一诗中写道："披闼俯甍出层霄，升空望远等培塿。我今题壁小西天，斜风细雨作重九。山川满目秋雁飞，河流盈耳石鲸吼。……"基生兰曾在这里写出《和黎观察九日登高南禅寺会饮诗》四首，其中一首为"数里烟村连北郭，半林霜叶逐西风。崖边飞阁安排巧，河上画桥点缀工。"两位诗人都从不同角度描绘了小西天建筑的精巧和险峻，以及小西天得天独厚的观景位置和南川河秋日所见。据巢生祥先生在《老西宁城记忆》一书中说："（小西天）有桌有凳，人们在这里可以围桌而坐。"落座后，由于居高临下，即可远眺拉脊山，又可下瞰麒麟河两岸田园风光。山川风貌，尽可一览无余。小西天现为南禅寺居士林管理者办公之地，院内花木葱茏，窗明几净，正如清代湟中书院主讲冷竑玉所说：（这里虽然）"危楼冠绝壁，突兀俯千寻"，但只要打开窗子一看，窗外"烟拥城中市，花明郊外林"，顿时令人心旷神怡。已故陈希夷先生也曾作有咏"小西天"的诗："静坐小西天，风光到眼前；麒麟向北流，峰架耸云端；……幽情为海清，逸趣似江翻。"

文昌阁

文昌阁，现已无存。文昌阁建于明末，是西宁最早的过街骑楼，位于西宁南大街东侧解放巷（原兵部街）西口，即今解放市场处。文昌阁因建于兵部街，当时俗称兵部楼儿。据巢生祥先生回忆，文昌阁为二层木楼，一楼正中为过街通道，俗称楼儿洞洞，宽约 4 米，长约 12 米，由于通道较深，所以虽是白天，楼洞内也很阴暗。二楼为前廊后厦，正殿三间，侧房南北各一间，正殿约 4 米开间，侧房约 3 米开间，房屋跨度在 12 米以上。楼房内部从脊檩处横向隔断，成为东西两座殿堂。楼的西半边面向南大街，殿约 5 米深，前边廊宽 2 米多，供奉的是文昌帝君牌位。每逢庙会期间，廊的南北两侧各置一方桌及数条长凳，南面坐着吹鼓手，北面是记账先生和会首们议事的地方。楼的东半边面向兵部街，殿堂内供奉着千眼千手佛，铜铸镀金，高约两米，金碧辉煌。会事时几十盏铜灯照得佛像金光闪闪，光彩夺目，成为西宁一景。

文昌阁屋脊平缓，无飞檐斗拱，更显得庄重朴实，具有浓厚的明代建筑风格。据耆老传说，修建文昌阁时，用的是西宁当地山木。当年，西宁有几座跨街骑楼，文昌阁是这些骑楼中房间最多、跨度最大、占地面积最大、年代最久的一座。据说在 1947 年，因文昌阁的楼儿洞洞妨碍了马步芳的小车通过，被其下令拆除。拆下来的木料堆放在天主堂设的培英小学操场及街道路北的墙根，据估计有百余方，见了的人们都惊叹："文昌阁简直是用木料摞起来的一样！"

香 厅

香厅，是古时祭祀建筑设施之一，形似过厅，位于供奉神佛大殿之前，内置香炉，可防香火被雨水淋湿。西宁右营三圣庙香厅，位于今大同街小学院内，是西宁镇标五营和城守营六座三圣庙中仅存的一座香厅。

明嘉靖三十一年（1552 年），经巡抚王诰奏请，西宁卫防卫机构的级别由原来的守备提高为参将，即在今西大街南侧修建参将厅，作为守护西宁的最高军事指挥机关。参将厅下辖中营和左营、右营，管辖马步军共 9710 名。清顺治十三年（1656 年），将管辖西宁的最高武职自临巩移驻西宁，设西宁总镇，并在原来三营的基础上，除增设了前营和后营外，还另设了城守营。新设营的军官配置级别低于原来的三营，只设都司一员，统有马战兵 480 名，步战兵 320 名。为了加强对营军的思想控制，西宁军事当局下令在每个营驻地附近设立三圣庙，严格要求所有将佐和士卒按照规定时间到三圣庙进行祭拜。据我省已故知名史学专家魏明章和文史专家李逢春两位先生回忆，西宁三圣庙里供奉的是刘备、关羽和张飞，就是为了向将佐和士卒灌输忠君思想和兄弟间“义气”，为维护王朝统治服务。随着时间的推移和政治风云变幻，其他三圣庙和香厅已全毁，只有右营三圣庙香厅得以幸存。

孔雀楼

孔雀楼，今已无存。据《西宁府新志》记载，孔雀楼“在县治（西宁县，在今城中区人民街）西南三里南禅寺。构楼初成，有孔雀来楼上，故名孔雀楼。”孔雀楼是明、清两朝西宁的名胜，它近在城郊，地处山巅，楼藏禅林之中，登楼一望，四山清明，村桥烟树，一览无余。故文人雅士、达官贵人，常常呼朋引伴，在这里饮酒赋诗，游目骋怀，诉说乡思。明代夏瓒就写有《南禅寺孔雀楼》一诗：“传闻孔雀旧栖游，禅院新修孔雀楼。夜月谈经音婉转，晴霞飞栋色飘浮。青山白雪千崖绕，紫塞黄河万里秋。最是西风动归思，乡关回首不胜愁。”清代西宁诗人李荣树也写过《登南禅寺孔雀楼远眺》诗："岚气回环映水光，麦花吐秀菜花黄；痴儿今日忘尘事，孔雀楼头看夕阳。"清代西宁诗人张思宪在《古湟中八景诗·文峰耸翠》中也写到"孔雀楼前望不遥。"可惜这一历经数百年风雨的名楼，竟毁于清末战乱中。

福宁楼

福宁楼，位于今西宁北禅寺洞窟下方临近山脚处。两层砖木结构楼房，为文人雅士游览九窟十八洞后品茶休闲之处，今已无存。清嘉庆、道光年间西宁名士朱向芳曾写有《登北禅寺福宁楼》一诗："北斗山威重，孤高路自通；铎声云窟里，梵宇洞天中；帘挂三秋雨，窗开八面风；登临凭一览，多少俗心空。"

时乐楼

时乐楼，清道光年间西宁诗人李协中建在北番仓别墅内的一幢二层木楼名，今已无存。明代和清代前期，西门外通往南川河桥的道路两侧逐渐形成畜产品交易市场，人们称这里为南番仓、北番仓。后来西川多巴和北川白塔交易地形成并扩大后，原南番仓、北番仓交易规模逐渐缩小，市场逐渐冷清。南、北番仓土地有的被官府征用，有的被士民购买，开起药铺、车马店等，有的建成私家花园。

李协中，字和庵，西宁人，道光十年（1830年）生人。他抱着"一介书生万里游，玉关以外觅封侯"的愿望从军新疆，丁酉拔贡，历任直隶大兴、束鹿，广东从化等县县令。工隶书，善诗文，著有《双榆草堂诗集》。经多年宦海沉浮，认识到“顺风一帆须勇退，回头莫待起狂澜”，于是决意回乡，在湟中书院教书。后在北番仓建起一座花园别墅，花园内建有一楼，起名“时乐楼”。《西宁府续志》就载：“时乐楼，在郡城西门外番厂李之别墅（内），李协中著有时乐楼八景八首诗”，时乐楼八景诗内有“北山横郭远浮青，一带晴岚绕翠屏”、“四月麦秋获麦黄，西湟八月始登场。凭栏远眺炊烟好，最晚食新属我乡。”、“当年曾入海东头，观日策鳌赋壮游”的句子，不但传神如画地描写了西宁郊外的美丽风光，也抒发了作者对复杂险恶社会环境的认识。拿李协中的话说：“家毁于火，财输于官”，时乐楼后毁于同治年间兵燹。

春秋楼

春秋楼，西宁山陕会馆内楼房名。会馆内钟鼓楼后为会馆戏台，台北向，为两层砖木结构建筑物，两侧建有类似今日包厢式的二层楼，一共 36 间，名曰“春秋楼”。坐楼上，戏台上演员的一招一式，均收眼底。

火祖阁

火祖阁，位于湟源城东城壕南口，今仍存。火祖阁，是一平座四阿重楼式木质建筑，占地面积为 200 多平方米，建于清道光年间，后毁于兵燹，光绪三十年（1904 年）重修。民国二十年（公元 1931 年）县政府在此悬一木匾，上书“明耻教战”，遂改为“明耻楼”。此后半个多世纪，侥幸躲过 20 世纪五六十年代的两次运动，在近年丹噶尔古城的改建中，整体后移若干米，基础抬高，彩绘一新，现为县级文物保护单位。楼内塑有火神的塑像。魏经邦先生曾为之赋《金镂曲》一词曰：“杰阁清人遗，喜而今，丹城风物，共赏佳丽。谁会巴呕吟青史，江右滕王可拟。似织锦，青山环峙。世间几多精兰毁，算独逃劫火常存世。……重檐叠廊凌空势。栋飞云，镂雕斗拱，鬼工神赐。藻井画梁，更旖旎，辽鹤翩翩临莅。延胜景，陶然高致。舒眼翠微岚光动，愿同登神州地。逢盛世，万祥备。”在赞叹之余，直把它比作了青海的“滕王阁”。

白玉公馆

白玉公馆，民国年间蒙番宣慰使马麒的私宅，位于今西宁城东白玉巷。民国元年（1912 年）9 月，马麒被北洋政府任命为西宁镇总兵，9 月 20 日，他离开洮岷协镇，在精锐西军 3 个营军队的随护下赴西宁就任，入驻总兵衙门。一年后，升任蒙番宣慰使，又迁入宣慰使署。据史料记载，当时宣慰使署门外新建鼓乐楼一座，五六尺的黄铜大号伸出楼外，漆红大鼓悬于两厢，“（马麒）每进出署衙，大炮三声，鼓号齐鸣。大门内数十人组成大刀队、长矛队分立两侧，两门内副官警卫 10 余人垂手伫立，警卫森严，气派宏大。”其后不长时间，马麒就在关厢购地建屋，作为私宅，时称“白玉公馆”（今东关白玉巷即得名于此）。1926 年，冯玉祥任命马麒为甘边宁海护军使，两年后的 1928 年 9 月 5 日，国民政府中央政治会议第 153 次会议通过青海建省。1929 年元月，冯玉祥部下孙连仲率 3 万国民军入青，并被任命为青海省政府主席，苦心经营青海

10多年的马麒竟被任命为省政府委员兼建设厅长，使他十分气馁，遂称病坚辞不就，回到白玉公馆蛰居。谁知天有不测风云，不久蒋、冯、阎中原大战爆发，5月，国民军奉调东下，省政府主席一职仍由马麒代理。1930年元月，南京国民政府正式任命马麒为青海省政府主席，再次执掌了青海军政大权。

1931年马麒去世后，马麟被任命为青海省代理主席，但遭马步芳权势逼迫，马麟于1936年10月远赴麦加朝觐。马步芳实际掌握大权后，于次年整修白玉公馆，“重新油饰，备极华丽”，并在白玉巷北侧修建私邸花园，奇花异草，充斥其间。1938年8月，马步芳在这里为其独子马继援完婚。史载这次婚礼之盛，轰动全省，就连国民政府军政要员朱绍良、胡宗南、宋哲元、杨虎城、邓宝珊、贺耀祖、马鸿逵、马鸿宾等也派人前来祝贺。几年后，马步芳又在这里为曾护送西陲宣化使、九世班禅进藏的专使赵守钰举办贺寿宴会。一直到“馨庐”建成之前，这里是达官显贵出入之所，车马往来，冠盖云集，华灯交映，觥筹交错。因这里有“白玉花园”的缘故，北宫门街渐渐被改称为“花园北街”，南宫门街也随之改称为“花园南街”了。

馨楼

馨楼，又称马步芳公馆，位于西宁市城东区为民巷内，是当年青海省政府主席马步芳的私邸。马步芳（1901年—1975年），民国时期国民政府西北军政长官，字子香，回族，甘肃河州人（今临夏市）。是曾任甘边宁海镇守使、青海省政府主席马麒的次子，未受过专门的学校教育。他从任甘边宁海镇守使署少校参谋起，曾历任营、团、旅、师、军长和集团军总司令，青海省政府主席，是民国时期中国西北本地人中，势力最强、统治地区最广、影响最大、官阶最高的边疆大吏。1949 年 8 月兰州解放前夕逃往重庆，10 月即被国民政府以擅离职守之名给予撤职处分。之后在埃及开罗购置产业，学经做寓公，1975 年病故于沙特阿拉伯，终年 74 岁。

馨楼始建于 1942 年 6 月（民国 31 年），耗资约 3000 万大洋，次年 6 月建成，当年国民政府主席林森题写的“馨庐”二字，现仍镶嵌于大门上方。因公馆许多建筑的墙面，甚至壁炉都镶有玉石，故人们亦称“馨庐”为“玉石公馆”。公馆由多个院落和不同形式的房舍及花园组成，穿过甬道，就是公馆正院，正院两侧分别是马步芳和儿子马继援的居室，后院是女眷楼。有著名的玉石厅，另外还有副官楼、参谋楼、警卫楼、机要室和银库。现存屋中所有的陈设，都参照了当年的样式陈列。七个院落都有暗道相通，房舍设计精巧，风格典雅，布置有序，结构严谨，构成了统一和谐的整体，透露出老宅深沉、庄严和神秘的气息。位于公馆南侧的花园内栽种有许多名贵的花卉和树木，还配有游亭和廊榭，著名的“晓泉”也在其中。“馨庐”修建时，恰在我国抗战最艰苦的时期，国难当头，马步芳敛财修私宅之举，遭到外界广泛的非议。但马步芳向来刚愎自用，他对别人之议论向来是不在意的。

西宁解放时，据说马步芳的部属曾提议炸毁“馨庐”，马步芳犹豫再三，终于没有下此决心。马继援兵败离青时，亦曾恋恋不舍地独自绕行三圈。“文革”期间，“馨庐”因被开辟为阶级斗争教育的场所，作为反面教材而得以保全，保留下来的院落占地近 30000 平方米，建筑面积达 6800 平方米，共有房间 298 间。

“馨庐”是青海省保存最为完整的民国时的民居建筑，也是全国唯一的一座选用青海本地产的玉石来装饰墙面的民居，因而具有较高的历史文物价值和浓郁的地方民族文化特色。1986 年被省政府确定为省级文物保护单位，2004 年建设成为青海省民俗博物馆。

蝴蝶楼

蝴蝶楼，西宁北门外原马步瀛公馆内一建筑物名，现仍存在，位于青海省卫生专科学校院内右侧。蝴蝶楼为二层砖木结构楼房，屋顶为歇山挑檐式，楼周悬柱间设雕栏，有木楼梯可登。

马步瀛，字子洲，是马步青、马步芳之弟（同父异母），马麒三子，马海晏之孙。曾任西宁城防副司令。1949 年，马步瀛跟随马步芳等逃亡国外，后前往麦加朝觐，期间因中暑去世。在全国第三次文物普查中，蝴蝶楼被定为新增文物。

报国输恩坊

报国输恩坊，位于西宁市东大街，是纪念明代青海蒙古族著名将领祁秉忠的牌坊，早年被毁。坊，又称牌坊、牌楼，是我国特有的一种门洞式建筑。尽管牌坊既不能居家住人，遮蔽风雨；又不能供祭神佛，祈求福祉，但它与众不同的外观形态，独具一格的审美价值，多种多样的社会功能，古老深厚的历史底蕴和极为深厚的人文内涵，成了中华文化的一个象征，也是历史悠久的华夏文明的一个典型标识，在中国传统文化中具有独特的地位。

祁秉忠，蒙古族朵尔只失结后裔，为第十一代东祁土司，明万历十九年(1591年)袭西宁指挥同知。后以军功迁任洪水游击，改任西宁镇海游击，升任甘肃参将。万历四十四年(1616年)调补永昌卫(今甘肃永昌)参将，驻防河西。万历末年迁任凉州副总兵，继擢为甘肃总兵官。天启二年(1622年)，祁秉忠奋战辽东，为国捐躯，明朝廷为彰其功，追赠为太子少保、左都督、指挥佥事。

父子元戎坊

父子元戎坊，《西宁府新志》中又称为“柴家牌楼”、“湟中牌坊”。父子元戎坊原坐落在今西宁城东湟光附近的大街上，是纪念明代著名将领柴国柱父子的牌坊，一直保存到20世纪中叶，现已无存。

柴国柱，字擎霄，西宁人。史载“壮勇足智，善骑射，击寇两川，勇冠三军。”原是西宁卫中军守备，后因在被称为“湟中三捷”之一的西川之役中，因战功卓著，升任都指挥佥事。在萨尔浒大战前，以都督佥事身份，“带家丁星驰出关”；又因石灰关之役中，“以孤旅击猖狂之寇，中矢带镞，斩二十一级，名闻京师”，因而擢升为总兵官，镇守陕西。后又加封为右都督，“移镇沈阳”，是朝廷倚重的边庭大将。其长子柴时秀亦官至辽东总兵官，后不幸捐躯疆场；次子柴时华也历官甘肃总兵，史载“与父兄一样，俱骁勇。”柴国柱告老还乡后，于明天启七年(1627年)不幸病逝。天启帝闻讯，专门下诏特进光禄大夫、柱国少保，以朝廷命官的规格给“故总兵祭葬”，这在当时偏僻的西宁是很罕见的。6 月，祭葬仪式在西宁举行，厚葬于金娥山麓的今大通清水沟。明崇祯十一年（1638 年），思宗皇帝为表彰长子柴时秀战死辽东的功绩，特命在家乡西宁城修建“父子元戎坊”，希望人们在这国家风雨飘摇的岁月里，也像柴国柱父子一样，为国尽忠。

“父子元戎坊”是一座“品”字形四柱三楼式的过街牌坊，为保持牢固和稳定，四柱两侧加有斜靠辅柱。矗立于横坊上的斗拱，悬妙地顶起五脊四面的大屋顶。檐角高翘，吻兽罗列，极尽工巧。20 世纪 30 年代，美国基督教传教士先劳德·毕敬士先生还为我们留下了一张父子元戎坊的珍贵照片。

西纳牌楼

西纳牌楼，位于今西宁市城东区大众街，现已无存，是纪念西纳喇嘛却帕坚赞的牌坊。西纳部落是宗喀十三族中有名的部落，南宋宁宗嘉定年间，出身于西纳部落的西纳格西和家族成员远赴上都投靠成吉思汗。出身于该家族的第一代西纳喇嘛喜绕益喜曾作为侍从，护送八思巴回藏受戒，被元朝授职为宣政院院士，并赐给其家族成员西纳贝本三道虎头牌，封为“宗喀万户”，让他统治今湟中一带湟水谷地。从永乐八年（1410 年）开始到宣德二年（1427 年），17 年间，西纳喇嘛却帕坚赞三次受朝廷敕封。之后，却帕坚赞大兴土木，在西纳川中部和西纳川口的黑嘴儿分别建起两座西纳寺院，南北照应，俗称为西纳上寺和西纳下寺。当时的明王朝西宁卫官员在东门外官道上建起牌坊，时称西纳牌坊。

清乾隆四年（1739 年），西宁道佥事杨应琚与知县靳梦麟“查西宁向无粮面市，各藏于家，一城之中，价格互异，富屯者谋其利。”于是设城中粮面市、东关粮面上市和东关粮面下市，其中东关粮面下市“自东稍门起，至西纳牌楼，各市用木牌标界。”可见，清前期西纳牌楼仍在，之后再未见有关记载。

父子同科匾

父子同科匾，专指悬挂在清末举人韩树义家的匾。匾指题字的横牌，一般悬挂在门或墙的上方，具有褒奖、祈望、警示、告诫、纪念等多种意义。当年，韩树义的私宅在西校场街与斜石巷交汇处的西南角，即今西宁市房产局所在地。父子同科匾中的父子指贵德人韩树义、韩溥。韩树义，字子方，曾任江苏库大使；韩溥，字少方，两人同时参加科举考试，竟同中举人，这在封建科举考试中是非常罕见的。所以“时人荣之”，送匾庆贺，挂在入门后的小天井墙上。匾为蓝底金字，上书“父子同科”，因称“父子同科匾”。清光绪二十七年（1901 年），清光绪皇帝已达而立之年，为庆寿，清廷将当年的正科考试改为“恩科”。但因“庚子之难”，八国联军侵华，贡院被毁，无法开考，直到光绪二十九年（1903 年），才将正科、恩科合并举行。所以《西宁府续志》中说，韩树义父子同时中举的这次科举考试是“恩正并科”。

人们曾把“父子同科匾”当作西宁城内的地理标识，常说某某人家在“父子同科”北面多少步，某某店在“父子同科”南面多少步。影响之大，可见一斑。

东塔院

东塔院，位于今西宁市城东区杨家三巷之东，西宁印心寺主持圆寂后葬身之处，今已无存。当年印心寺全盛时，在此购地修建下院，俗称“东塔院”。塔院建成后，占地 10 亩以上，除一些屋宇之外，还有水井、水磨和香粮土地。院中花木交映，李杏争春，环境十分幽静。后印心寺主持佛敏、圣聪、圣明等均葬于此。之后印心寺能静、仁沛、广育等相继主持印心寺，东塔院一直得到很好的保护。抗战时期，西宁各界人士同仇敌忾，纷纷捐资支援前线，东塔院僧人徐仁溥等 9 人在民族大义前面，将塔院以 2200 元低价卖出，将钱款寄往抗日前线，以表达全寺僧人爱国之心。

窣堵波院

窣堵波院，俗称南塔院，位于今西宁市城东南的东滩，今磨尔园以东约 300 米处，今已无存。据史料记载，窣堵波院建于清乾隆八年（1743 年），院内除一些屋宇之外，主要有睡仙张真人塔。

张真人，名清春，字元明，山西汾州人。康熙五十年（1711 年）来湟，初居城南乱窑中，日夜不寐，饥寒不顾。有人遗食则食之；若无人遗食，虽数日不食，亦弗计也。人皆知其神异，以“睡仙”呼之。有问难者，随手画于墙地，或山水，或鸟兽，或花卉，或人物，内藏深意，初虽难解，事过皆验。乾隆八年（1743 年），忽一日起身，端坐而逝，葬于东南郊，建塔立碑，郡人岁时奉祀，香火甚盛。同治三年（1864 年），窣堵波院被焚毁。光绪三年（1877 年），提督豫师捐俸重建，光绪二十一年（1895 年），庙宇再次被焚毁，仅剩砖塔一座。清末民初之际，磨尔园一带多为坟地，地旷人稀，唯有砖塔高耸。每当残阳西斜，这里衰草连天，暮鸦盘旋，加之风动塔顶铃铎，令人彻骨生寒。青海解放前夕，古塔竟被马步芳军队作为靶标，毁于炮火之下。

朱仙塔院

朱仙塔院，位于今西宁市南山路西头北侧，址为江仓煤矿驻西宁办事处，今已无存。20 世纪三四十年代，朱仙塔院及其建筑物尚存，有人曾为之写过诗“几座宝塔对南山，塔院紧接古道边；晨钟暮鼓声远播，袅袅香烟上青天；信男善女焚香火，卜卦游人问瑞安；多少奇闻留后世，至今仍在口头传。”

据传塔院建于清咸丰年间，祀明朱元璋后裔朱万里之子朱素贞。论辈分，朱素贞是崇祯皇帝之叔，道号道伦，俗称朱仙，自幼出家。清康熙时来西宁传道，曾创建南、北斗宫等道观。羽化后，有人在西宁南禅寺麓建灵骨大塔一座，人称“朱仙塔”。民国时期，西宁道士高八爷（高明圭）等在塔前建大殿一座，以纪念朱素贞。因这里有塔又有院，所以人称朱仙塔院或西塔院。

朱仙塔院坐东面西，呈长方形，整体布局分前后两院，门西向。前院占地 10 余亩，后院占地 2 亩多，院子四周用土墙围定。据张政成先生说，墙高约 4 米。大门呈拱形，用青砖砌成，门顶大青砖上镌刻有“塔院”二字。前院有砖砌的两座塔，相距 3 米多，并列排开，高 7 米，底部直径 4 米多，塔体呈凸状，甚是雄伟壮观。只要行人远远走过，就会看见高过塔院院墙的塔顶。后院为道士、道友的居住场所和办公的地方，一般是不许外人进入的。院内有砖砌的小塔一座，塔高 3 米，塔基直径约 2 米，整个塔体呈“仙桃”状，上半部有通气孔，下半部有地道，可直通前院大殿的神龛下。神龛可以转动，若遇不测，既可进地道藏身，也可从此处逃走。小塔因年久失修，塔身苔藓遍布，斑驳陆离。

朱仙塔院建成后 100 多年间，多次历经变故，同治年间差一点毁于战火。光绪三年（1877 年），西宁办事大臣豫师捐俸进行了维修。1928 年冬，国民军将领孙连仲为埋葬死于享堂沟的国民军兵士，在塔院北侧修建国民军义地，塔院的一部分土地被占用。1941 年，青海省电话局从城内大新街迁来,又拆毁了塔院部分建筑。1958 年“宗教改革”期间，塔院被机关和居民所占用。到了“文革”时，院内建筑物被彻底拆除，塔院荡然无存。

德安关、武定关

德安关、武定关，位于小峡湟水南北两岸，今已片瓦无存。清光绪三年（1877 年），西宁办事大臣豫师鉴于小峡口具有“一夫当关，万夫莫开”险要地势，在刘锦棠大战马桂源、白彦虎时湟水两岸修筑的两关。两关竣工后，派兵驻守，并请陕甘总督左宗棠题写关名。左宗棠命名 :“南关曰武定之关，壮兵威也 ; 北关曰德安之关，饬吏治也。”并亲撰《西宁小峡新筑南北两关记》，勒石铭功。武定关在小峡口南岸，清末西宁诗人张思宪在赴四川永宁县任知县时，途径小峡，面对峡内的高山流水，写下了感人的“石峡新开武定关，东西流水南北山 ; 行人莫道征尘污，两袖清风自往还”的七绝诗。清光绪三十二年（1906年），第十三世达赖喇嘛土登嘉措前来西宁朝拜塔尔寺，要途经此关，据说有碍观瞻，当局将武安关拆除。1914年，陇上名士周希武赴玉树调查时，曾路过小峡，他在《宁海纪行》中曾提到两关：“两岸有关，北完（完整）南圮（倒塌），路左有《创修南北二关碑记》，左文襄（指左宗棠，谥‘文襄’）撰，言河西有事，守者得此，兵以一当百；攻者逾此而入，则西宁不能复守。”德安关在湟水北岸，经八十年的雨雪风霜，已破败不堪。20世纪50年代修建兰青铁路时，正巧关址在线路上，将其拆除，今亦遗址无存。正如已故魏明章先生所说：“二关已成历史陈迹，仅供游人凭吊。”

西石峡石刻

西石峡石刻，位于西石峡中。

西石峡，又称湟源峡。湟源人称为东峡，峡全长10余公里。途中山崖相伴，石骨嶙峋，因峡中悬崖峭壁上多有摩崖石刻，所以曾被人们称为“石刻走廊”。

从扎麻隆村西拐进峡口，在路东名为“牛将爷卡子”处的悬崖上刻有“渠水活民”四个大字，旁有上款“马军门见证”的字样，下款为“民国十年（1921年）吉月吉日扎麻隆全体乡民敬立”。“马军门”指时任甘边宁海镇守使的马麒。据记载，当年扎麻隆村居住着80余户汉民，经营着村前和村东3000多亩田地。但在过去一没电、二没提灌设备，眼看着湟水从村前流过，数千亩田土却为旱地。

20世纪初，扎麻隆有一个名叫周先的人，他带头从官府义仓中贷青稞一万斤作为劳资，发动村民从西边石板沟筑坝引水，开渠3000米，以浇灌村上的田地。因渠道要经过称为“上头尔”地段的回族坟院，数百回族群众闻讯，即在渠边扎起帐房，领头人马镇龙声言“谁敢在我们先人头上动土，我们就要和他拼命！”局势十分紧张。时任甘边宁海镇守使的马麒闻讯后，亲自到扎麻隆修渠工地查看，当即表态：“救活人要紧！”经他调停，水渠得以顺利建成。扎麻隆渠长3公里，建成后，村上3000多亩耕地中的1500多亩旱地很快变成了旱涝保收的水地。1921年,村民在峡中渠道经过处的“牛将爷卡子”悬崖上刻上“渠水活民”四字，勒石铭功，以示感激。作为一帧彰显民族团结的珍贵实物，半个世纪来,一直高悬在109国道进峡处右侧的悬崖上。在20世纪70年代，被无知的采石者为蝇头小利而遭损毁。

过北沟口拐过一个山湾，前面便是峡中有名的、被誉为丹噶尔八景之一的佛尔崖，崖旁的悬崖上刻有四个二尺见方的榜书大字：“山高水长”。“山高水长”是清道光二十一年（1841年）由丹噶尔厅抚边同知黄文炳所题，笔力酣畅，气势磅礴。可惜20世纪70年代峡中修建石板沟水电站，要在佛儿崖北侧开凿进水口，“山高水长”石刻因而被毁。后来我亲眼见过佛儿崖前河滩乱石间有块一间屋大小的巨石，即为“山高水长”石刻，今已不知流落何方？

过峡中骆驼脖项村（又称下脖项），前行经国米滩（应为郭密滩，汉藏结合地名），上坡拐过山嘴，这里是峡中风光最好的地方。《丹噶尔厅志》称赞这里“危峰壁立，南北陡峙，奇石突兀，有虎踞龙蟠之势；湟流湍急，回环曲折，蜿蜒如龙蛇之夭矫；丸泥东封，一夫当关之险”，是峡中风光最旖旎的地方。就在这仙境般的苍崖之上,有三帧摩崖石刻，分别为清嘉庆五年（1800年）西宁兵备道鄂云布所题的“海藏咽喉”、清光绪二十八年（1902年）丹噶尔抚边同知封启云所题的“海藏咽喉”和清宣统三年（1911年）丹噶尔厅知事康敷镕所题的“转危为安”。

鄂云布，满洲正黄旗人，嘉庆元年授陕西汉中知府，嘉庆帝以他是喀尔吉善之孙、有良好的家风原因，“即擢升为甘肃西宁（兵备）道，再迁江苏布政使。”湟源峡东连陕甘，西接海藏，云山天横，路通一线，“海藏咽喉”一词，形象地概述了这里地理位置的重要。加之阴书行楷，字迹饱满，酣畅流利，神采飞扬地显示了这位清代地方官员高超的书法艺术和对湟源峡军事要冲的高度关注。

百年后，云南普洱府思茂厅人封启云就任丹噶尔厅同知，在那清末风雨飘摇的岁月里，他关心民苦，恪尽职守。他在游历湟源峡时，因“眼前有景道不得，崔颢有诗在上头”，只得在鄂云布所题石刻的上方“石墙”上，朝东横题“海藏咽喉”四字，以表达对鄂云布所题内容的赞同。

丹噶尔厅知事康敷镕所题的“转危为安”石刻是峡中唯一一幅与时局有关的摩崖石刻。康敷镕（1870年—1938年），字陶然，西昌礼州人，光绪癸卯科举人，著有《青海记》四卷。清宣统三年（1911年）夏五月，在义和团的影响下，今湟中西纳川爆发了以李旺为首的“黄表会”反清起义。六月初一，起义农民军西攻丹噶尔，康敷镕在得到刘尕六的告密后紧闭城门，在西宁府总兵张定邦所派副将邓咸林的配合下，全歼义军于湟源西乡纳隆沟。事平之后，康敷镕在峡中刻下“转危为安”以勒石铭功。

随着穿峡而过的109国道拓宽和西（西宁）倒（倒淌河）一级公路的建设，峡中摩崖石刻处峰峦消失，旧景移位。能触发思古幽情的风光已不复存在，真使人有点怅然若失。尽管在修路部门的努力下，有的摩崖石刻被挪地重建，有的已不复存在，连同那古朴苍劲、充满沧桑感的人文景观和自然景观，已经一去不复返了。

药水峡石刻

药水峡石刻，位于湟源南乡药水峡内，东距西宁约64公里处。青藏公路进药水峡，过小高陵村，路随山拐，此处为药水峡中最窄处。路左是药水,过河即可进白水河河谷,杂树满山,荫翳遮天；右侧是高山，巨石悬空，陡立路侧，其上刻有“劈山开道”“海藏通衢”等摩崖石刻。“劈山开道”石刻旁刻有“大清光绪乙酉六月，□□西中□□海□□□□”字样，光绪乙酉年即1885年，由于岁月久远，字迹漫漶不清，更无法知道题字者是谁？“海藏通衢”石刻旁刻有“民国八年镌，邑绅靳学书题”字样，民国八年即1919年。

靳学书，湟源人，生于清代光绪年间，是光绪甲辰朝仪大夫靳宝庆之子，贡生，官至花翎四品选用知县。靳学书才华横溢，以碑刻著称。除药水峡的这块外，还留有两幅刻字，一幅为清嘉庆五年(1800年)西宁兵备道鄂云布题刻的“海藏咽喉”，于民国七年(1918年)由靳学书重新修刻于西石峡大黑沟口、西宁至湟源大道旁；另一幅为其父靳宝庆于光绪二十九年(1904年)题“山清水秀”，重刻于北山柏桦沟石崖上。所遗的石刻题字，庄重大气，苍劲有力，人们称赞其字“文融石背，工悉力敌。”

闪　佛

闪佛，又称露天金刚，位于西宁土楼山悬崖间。清初苏铣在《西镇志》中说："(西宁)有崖形如佛。"传说露天金刚原有两尊，这两尊金刚原本是两个山崖的突出部分，后被山水冲刷、风雨剥蚀，渐渐形成奇特的造型地貌。魏晋南朝时期，广大信徒在原造型地貌基础上，将它们雕琢成两尊大佛像，称之为"露天金刚"。西侧一尊早已损毁，东侧一尊至今幸存。据清代文学家洪亮吉在《十六国疆域志·前凉·凉州》记载："天锡十年七月，大水，地震西平，五十日中，地十动，土楼山崩。"西侧的那尊佛像可能毁于这次大地震中。现存的露天金刚高达30多米，远远看去，大佛的头、身躯、下肢和面部五官轮廓清晰，雄浑粗犷，威风凛凛，具有唐代雕刻艺术风格，真是自然景观与人文景观的完美结合。

佛儿崖

佛儿崖，位于湟中与湟源交界处的湟源峡中。这里东接北沟口，西通骆驼脖项，青山如屏，山花似炬，碧水蜿蜒，绿树冉冉，不愧是青海境内的一段"洞天福地"。不知何年何月，有人在这里的山崖凹处偶然发现佛像，而且轮廓清晰，眉目分明。消息传出，邻近村庄的善男信女一个个携香带表，前来顶礼膜拜。天长日久，山崖被熏得一片黝黑，就是临近细观，也难以看得清楚。由于百口千传，愈加显得神秘而灵验，"奇石佛形"遂成为湟源古八景之一，因而人们称这里为佛儿崖。"古佛悬形古石奇，苍苔点点染双眉；烟霞野卷容颜露，妙得天然造化宜。"张兆珪的丹城八景诗之五，形象地描绘了这里的奇特景观。

关于佛儿崖，《湟源县志》记载，这里的山崖上有“释迦牟尼等大小佛像12尊，或坐或立，有的拈花微笑，有的仰首远望，有的低眉沉思，形态各异”，佛像后“尚有光环，为境内唯一的摩崖石刻。”由此可见，佛儿崖的佛像是人工雕凿，并非“佛祖显形。”

明长城

青海省虽地处祖国西北边陲，但它东接秦陇，西通西域，南交蜀藏，北护甘凉，自古是中央王朝连接和巩固边疆的战略要地和中原地区的重要屏障，地理位置十分重要。为了加强“孤悬塞外”的河湟地区防卫力量和军事设施，明王朝动用大量的人力和财力，修建了边墙。据《青海省明长城资源调查》，青海省明长城资源分布在乐都、互助、大通、湟中、湟源、民和、化隆、门源、贵德、平安及西宁地区。其中前五个县为明长城主线所经之县。明长城全线总长约331.83公里，其他墙体及堑壕31.61公里，合计363.44公里;另有敌台10座，烽火台116座，关4座，堡46座，相关遗存5处。

青海境内的明长城，过去人称为“边墙”，《秦边纪略》记载：西宁卫“自大桦坡，以至乾沟，辟土山石崖，续以短垣，墩台相望，靡不周至”，作为明王朝防御外患的设施，长达148公里。青海东部为啥还有长城？要说河湟谷地的明长城，还得从明代的西海蒙古说起。

元王朝被推翻后，蒙古贵族退向朔漠。明正德四年（1509年），因内部矛盾，蒙古亦不剌、卜儿孩部率部西进，后占据青海湖地区。之后，俺答、丙兔、火落赤等部亦先后入据青海湖。从1512年进攻西宁北川起，到1541年进攻碾伯，在长达30年的岁月里，西宁西、南、北川战火纷飞，明王朝驻西宁卫的指挥、总兵等武官相继战死，一时间西北防务成了明王朝心腹之患。为了加强西北边疆防务，明穆宗朱载垕听从总制延绥、宁夏、甘肃三镇军务的杨一清建议，下令修筑边墙，“以备夷骑”，其制小于长城，以便守御。其中一条从今民和上川口边墙村起，经下川口与甘肃洮河边墙相接；另一条经甘肃永登，延伸进入我省互助北山，经东闇门（今互助南门峡），出东峡，越大通娘娘山沙尔岭，入湟中，再延伸往贵德。

据史料记载，当年西宁卫边墙修建时，按计划从两头施工，向中间推进。当时西宁卫只有7479户，12260人，由于工期紧，驻防明军也参与了工程修建。在当时的条件下，人们用简陋的工具，“劈山斩崖，循墙挑壕，筑砌石台。”其艰辛状况，是难以想象的。虽未留下“孟姜女哭长城”之类的传说，“虽有健妇把锄犁，禾生垅亩无东西”的境况是到处可见的。

边墙是由主墙和垛墙组成的，主墙底宽5米（1.5丈），顶宽2.3米（0.7丈），加垛墙高达6.3米（1.9丈），这是多么大的工程量啊！就是在今天的技术条件下，这也是一项不得了的工程。其中，互助至大通娘娘山段于明隆庆六年（1572年）竣工，西宁南川至西川干沟段于次年完工。至此，绵延148公里（44507丈）的西宁卫边墙，终于在参修军民的汗水和泪水中，像一条巨龙从互助北山大通河边升起，翻山越岭，“斩断山崖，筑砌石台”，过拉脊山，顺暖泉沟，朝黄河奔去。

边墙修成后，虽发挥了一定的防御功能，但仍未能阻止强悍的瓦剌他卜囊、火落赤部铁骑的袭扰。直到几十年后，明军在都御史田乐等的率领下，在取得被誉为“盖二百年无前的奇捷”的“湟中三捷”后，西宁近边才进入了较为安定的时期。据清乾隆时西宁道佥事杨应琚说：“（边墙修成后）百余年间，村落相连，牛羊满野，边墙之外，多有良田。”由于防御功能的逐渐减退，绝大多数地段的边墙已经倾圮。

今天，当我们站在风景如画的大通老爷山南望，北川河如练，逶迤南去；娘娘山叠翠垒绿，远连天际。史书上说“新城（北川营）之北有闇门焉，名永安关，关下水滩，三川汇流而南行，永安桥即在是。南至西宁城，北至北大坂，惟此扼其冲。”虽然永安关、苏木连水洞榨今已无存，“关下水滩”今已改称“南门滩”，老爷山下，早已高楼林立，街衢如画；桥头镇外，“田分万井村高下，烟点三川树纵横”，千年风烟今已逝，但那娘娘山上的古边墙遗迹仍墩台相望，墙壕分明，它像一幅望不到头的历史长卷，翻越南门滩后的苍山翠岭，蜿蜒曲折，伸向苍茫的大山深处，让人顿时感到一股莫名的苍凉涌上心头。

土闇门

土闇门，湟中地域内长城通道名，位于原县城西南、金鳞山南端。从大小康缠逶迤前来的青海长城过海马泉，沿金鳞山西坡（上狼扯坡）到山顶，然后沿山脊南下至垭口，再翻塔尔寺后山，垭口处建有一座闇门。因与西北五里处的大闇门相比，显得设施简陋条件较差，所以人称“土闇门”。附近有村，称闇门村，今写作“南门村”，属鲁沙尔镇管辖。

大闇门

大闇门，湟中地域内长城通道名，位于甘河滩镇班沙尔村。逶迤的边墙从四方坡山脊下来，过红岭儿，再爬上班沙尔台地，过台地，又下坡横跨石灰沟河、海马泉。高阜处矗立有带门楼的边墙闇门，人称“大闇门”。闇门两侧马面高耸，垛堞罗列，每当夕阳斜照，登上闇门一望，川原沟壑，尽收眼底。经几百年岁月，明长城一部分的青海边墙大部已倒塌殆尽，而班沙尔大闇门却能保存到现在，不能不说是一大奇迹。作为青海明长城上遗留下来的唯一闇门实物，它有着不可替代的文物价值和研究价值。

西闇门

西闇门，大通桥头镇一地名，得名与这里曾经有一座边墙（青海明长城）闇门有关。为防守“孤悬塞外”的西宁卫，明王朝在周边筑峡榨，起边墙（长城），设烽墩，建闇门。万历三十四年（1606 年），又连筑威远、平虏、伏羌三城，其中平虏城即在北川营附近。当年的边墙就出今大通东峡，跨苏木连河，西上娘娘山。由于边墙经过今桥头地区，西宁北川通往大通、门源大道经过边墙处留有通道，即闇门。为区别于互助南门峡的东闇门，河西岸的边墙通道被称为西闇门。史书上说：“新城（北川营）之北有闇门焉，名永安关，关下水滩，三川汇流而南行，永安桥即在是。南至西宁城，北至北达坂，惟此扼其冲。”闇门下水滩，今称闇门滩。

东闇门

东闇门，位于今互助南门峡。南门峡一峡连两川，东为沙塘川，西为燕麦川。当年筑边墙时，从甘肃永登起，进入互助北山到南门峡。据史料记载，当时“边墙之外，皆属龙荒”，“一堵土墙分作界，千屯毳帐合为邻”，金人望的诗形象地描绘了这里的景况。通道处的闇门为和老爷山下的闇门相区别，加之因处苏木连河之东，所以称“东闇门”。峡因闇门而得名，称“东闇门峡”，后略称闇门峡，由于“闇”字难认之故，今已改为南门峡。

其他

八仙树

八仙树，位于西宁古城西城墙外、西门南侧城墙下的高阜上，今长江路华德大厦处，今已无存。八仙树树种为小叶白杨，有人称为“野白杨”。小叶白杨是杨树的一种，相比一般杨树叶较小，但木质细密、有韧劲，不像大叶白杨那样脆而易折，我省贵德等地多有此树。由于八仙树所在地近西门，树影婆娑，芳草盈地，树下常成为城中士民遛鸟、闲坐、聊天和下棋的去处。

八仙树之所以得名，还有一段动人的传说。不知何年何月的一天，八仙乘驾祥云欲前往“西海之南，流沙之滨，赤水之后，黑水之前”的昆仑山拜谒西王母。当途径西宁凤凰山时，只见西宁二水绕城，绿荫遮地，平畴数十里，风景如画，于是降下彩云，落座在城边小叶杨下，盘桓有时。面对如此美景，八仙之一的吕洞宾情不自禁地唱道：“蜿蜒起伏兮，横亘三百里；地跨两河兮，群岭龙蟠壮丽。”韩湘子接着唱到：“万壑苍翠兮，松柏灌丛凝碧；芳草芊绵兮，洵为牛羊福地。”……直到红日西坠，众仙才兴尽驾云西去。由于城边小叶杨附有此传说，后人遂称这里为“八仙树”。

民国初年，西宁城内纷纷传言，说八仙树上开了几朵像牡丹一样的白花，于是人们争相前去观看，当时西宁的士绅们还为其披红挂彩，越传越神奇。1955 年，按照当时城建要求，要拆除西宁西城墙，于是八仙树被砍倒，截为三段，扔在路旁。一段时间后，听说被某单位拉去当作了食堂燃料，闻名西宁的八仙树从此淡出了人们的记忆。

鞑子拉骆驼

鞑子拉骆驼，位于西宁泮子山的山梁上，今已无存。自古以来，泮子山干旱少雨，山梁东侧的山洼里有个靠天吃饭的小村庄，就叫“泮子山村”。据史料记载，当年村上建有涝坝，靠收集雨雪水作生活用水。就在这样一个连人畜吃水都困难的村子里，竟然在村西干枯的山梁上却孤零零地长着五棵青杨树，夏天里展现着旺盛的生命绿色。村民们把这五棵树当作村上宝贝，在树下挖坑、垒坝，收集雨水，精心保护，延续着它们的生命。

由于泮子山高耸，树影婆娑，从山下仰望，在蓝莹莹的青天陪衬下，光秃秃的山梁上，苍翠的树影就像一个人牵着骆驼在山脊上艰难前行，此景惟妙惟肖，于是被人形象地称为“鞑子拉骆驼”。

西宁知名画家祁宁英先生说，当年与泮子山隔东川相对的西宁南山纳家山村民有年遇到不顺事，请人卜卦禳解说，泮子山上的那几棵杨树正好补着纳家山的“风水”，为了求得村上的平安，只要你们把它买下来，方能保得平安。于是，为求平安的纳家山村即派人前往泮子山，花钱买下了“鞑子拉骆驼”，并委托他们继续好好保护它。一下子“鞑子拉骆驼”成了“神树”，名闻两山，无人不晓。

风神洞

风神洞，位于西宁小峡西口南侧的悬崖上。早在明万历二十三年(1595年)，由兵备道刘敏宽所撰的《西宁卫志》中,就有小峡“风伯古祠”“春秋祭之”的记载;《西宁府新志·地理·山川》中也有记载:“风神岩，在小峡口山，山半有岩，下临湟水，每起大风，居民祷之。”

由于几十年来峡谷中开发与建设,小峡“风伯古祠”已不存在。现在，只要你有兴趣，仍可看到南山半坡悬崖下有个石窟，宽、高数米，洞口斜向朝下，不太深，那就是至少600年来人们祭祀的“风神洞”。

“风神洞”也称“风婆婆洞”，传说里面住着“风婆婆”，当年洞中曾塑有她的神像。清人朱向芳作有《吟峡口风神洞》一首五律诗:“风姨何处家?石洞锁烟霞。山月眉含翠，溪云鬓落花。气清河两岸，力挽水三叉。从此扶摇去，鹏搏路不斜。”

弹子石

弹子石，今已无存。弹子石是小峡湟水岸边的一颗圆形巨石，此石像经过人工打磨过一样，周身光洁，形状奇特静静地躺卧在小峡河滩上。

据说在很久以前，混沌初开，这里群山锁关，百川汇集，汹涌的湟水至此受阻不泄，使大片良田淹没于汪洋之中。当此恰有仙人路过，得知此事后，为救民于危难之中，就掷出一颗圆石，奋力击山，击中处电石火光，山崩地裂，“丘峦崩摧，湟水中通”，形成峡口，于是湟水穿峡奔流东去。至此人们相传湟水岸边的这颗圆形巨石就是神人力劈石峡的弹子石。由于民间传说的渲染，历代诗人的题咏，小峡弹子石遂成为西宁一景。晚清著名诗人朱向芳曾作有《峡口弹子石》一诗："传闻开此山，丸脱神手间。百丈惊落星，三生逐月还。烟凝苔草绿，雨点山花斑。直待娲皇炼，补成天九寰。"诗中既描绘了弹子石击山的神速，又以民间故事"三生石"、女娲补天作喻，令人产生无限遐想。从 20 世纪前半叶开始，随着小峡地区道路的改建、芳惠渠的开挖及种种原因，闻名于世的弹子石早已遗失无存。

海耳子

海耳子，位于西宁广福观无量殿内，今已无存。广福观无量殿内原佛案地下原有一口很深的井，从井口下看，深不见底，但伏身细听，可以听到海潮似的"嗡嗡"声。人们传言此井与西海（青海湖）相连，所以俗称此井为"海耳子"，过去人们去广福观，都以到"海耳子"听听海潮声为幸事。

2011 年左右，广福观（现西宁市一中）后、花园北街与七一路相交处被开挖，建高层商住楼，当地基开挖时，突遇地下水涌出，工程被迫暂停。西宁文史专家李逢春先生、古建筑专家张君奇先生等闻讯查看。只见旧城墙的残破墙体仍在，墙角下泉水急剧上涌，水质清冽，"哗哗"成渠。有专家说，水大得可转动一立轮磨盘，此即"海耳子"也！后经专家们研究再三，认为这绝不是自来水管破裂，提议充分利用此水，在这儿修建一处街心花园，以供市民游览。建议未被采纳工程重启，"海耳子"被填埋，一些日子后，一座高楼拔地而起。

三棵榆

三棵榆，指今西宁市西大街南侧人行道上的三棵榆树。三棵榆属白榆，作为西宁著名古树，树上悬挂有标识牌，标明树龄已有 300 多年，属清康熙年间之物。榆树，耐干旱，树干通直，树形高大，绿荫较浓，适应性强，生长快。加之树叶保绿期长，是城市绿化、行道树、庭荫树的重要树种，也是营造防风林、水土保持林和盐碱地造林的主要树种之一。

榆树，取谐音为“余富”，“实乃余且富也”，有人赞榆：“桃花颜色好如马，榆荚新开巧似钱”；“道旁榆叶青似钱，摘来沽酒君肯否？”已故文史学者杨文盛先生曾说：“古往今来，榆树变成了人们企盼富足、盈余之吉祥物，为官家庶民所钟爱。”西宁地势高寒，干旱少雨，适于榆树生长，加之榆树有那么多美好的象征，所以过去西宁城隍庙、文庙、府县衙门前多有种植，至今西宁城隍庙院内还存有 11 棵高大的白榆。

西宁西大街南侧过去是都察院、守备署等衙门的所在地，因同样的原因，门前植有榆树。历经数百年的风风雨雨，时局变迁，西大街三棵榆能保存到今天，实属不易。但愿生长在西宁的下一代，在往后的日子里，还能看到它们，能够体会到前人种树，后人乘凉的幸福感和肩负的责任。

一颗印

一颗印，在西宁北山、原林家崖村北的山坡上，即在今火车站西北。由于地质变革，北山顶部和底部的土质不同，顶部为黄土，底部为栗钙土和石膏、芒硝岩层组成。经千百年风雨侵蚀和冲刷，形成了一些状如甘肃天水麦积山般的悬崖，其中最大的一座赭色悬崖在原林家崖村北的半坡上。其崖高达数十米，顶圆而下方，与旧时官印形状惟妙惟肖，因而被人们称为“一颗印”，成为西宁一处地标性的地名。一颗印东、西两侧还有几处悬崖，不过小而低，无名。近年，为消除北山地质危害，一些小“印”的悬崖被爆破削平。

高槽尔

高槽尔，位于今西宁市纸坊街路北、气象巷东，现名“高槽巷”。当年，纸坊街因有两家生产草纸的作坊而得名。而后成为西宁纸坊街的一处地理标识。原纸坊西端北拐处有高约 3 米的土崖，崖上架有东西向的一座木槽，人行其下，过高槽尔，所以人称其为“高槽尔”。过高槽尔，大路分两叉，一路西去杨家寨，进而可去西川南大路；一路向西北，斜向去大营盘（今五四大街小学），可去苏家河湾和小桥。

红崖浪

红崖浪，又写作河崖（隘）浪，位于今省委党校后、湟岸巷北端的湟水段。这里南边原有李家墩崖地，明末清初时就建有木桥，后因“四川灌河，群版（板）散堕，日欹月陷，水挟木去，宵小窃以为薪”等原因，破旧不堪。清乾隆年间，西宁道佥事杨应琚目睹老百姓渡河之艰辛，也为便于官民朝山（北禅山）进香，保障“入城孔道”的畅通，他和太守刘洪绪、西宁县县令陈铦“谋协”，三人捐资修成了惠民桥。后来惠民桥又被冲毁，当局又只得在这里设置渡船，以方便士民过河。由于这里“河面宽阔，水流平缓，且少险坑漩涡，是理想的天然泳场”，人称其地为红崖浪，是城内年轻人、附近村民游泳戏水最爱去的地方。

塌山湾湾

塌山湾湾，西宁南山山坡名，指凤凰山西侧、南川东路洪水桥东的山湾（青海第二机床厂二车间以北，海西农机采购站以南的这一段地区）。这里山峦由栗钙土和石膏、芒硝岩层夹杂而成，呈水平层状。每年一到冬季，渗水从岩层间流出，形成冰瀑，乳白色冰挂一溜溜悬挂在赭色山崖上，状若瀑布，晶莹璀璨，也算是西宁冬季一景。但一到夏季，岩层间积水外溢，加之山势高峻，常会形成滑坡，妨碍南川东路的通行。由于此处地质灾害时发，威胁着行人车辆的安全，所以人们常把这里称作塌山湾湾。

东 亭

东亭，西宁古代设施名，位于西宁小峡西。《水经注》载：“湟水迳东亭北，东出漆峡（小峡）。”1914 年，陇上名士周希武赴玉树调查后，曾著有《宁海纪行》一书，书中也曾提到“（过小峡），平行十里，至罗家湾庄，民十余家，疑古东亭在此地。”亭，西汉时设置，兼有军事防御和邮驿功能。赵充国在《屯田奏》中说：“计度临羌东至浩门，羌虏故田及公田，民所未垦，可二千顷以上，其间邮亭多败坏者。”巢生祥先生认为东亭是农亭，“属屯田系统的军事建制，是基层组织，……坞壁田舍，规模不大，仅是约百人的屯田系统的基层军事单位的驻地。”

汉将营

汉将营，西宁古代军事驻地名，位于今西宁东川罗家湾（乐家湾）。内地也有称为“汉将营”的地方，唐代祖咏《望蓟门》诗中就有“燕台一去客心惊，笳鼓喧喧汉将营”的句子。《西宁府新志》记载 :“汉将营，在县（西宁县）城东十五里，宽阔平坦，人传为汉将安营处，即今罗家湾也。”

西平亭

西平亭，古驿亭名，西平亭是青海历史上出现最早的一座军事据点。汉武帝元狩二年（公元前 121 年），骠骑将军霍去病打通河西走廊，斩断匈奴人与羌人的联系以后，进军湟水流域，在今西宁一带建立军事据点西平亭，作为驻军转输粮秣之处。西平亭的建立，标志着西宁地区正式纳入了西汉的版图。《水经注》中说 :“魏黄初中立西平郡，凭故亭增筑南西北三城以为郡治。”

长宁亭

长宁亭，古驿亭名，位于今大通长宁镇。《西宁府新志》载 :“在养女岭南。”《水经注》载 :“（亭）去西平（亭）西北四十里，晋建长宁县于此。”阚驷曰：“长宁亭北有养女岭，即浩亹山，西平之北山也。”长宁亭亦兼有军事防御和邮驿功能，属屯田系统的军事建制。

渔场台

渔场台，指今西宁城中区长江路南端农机大楼一带的台地。明清时，渔场台一带只是西宁城墙外西南角的一片荒郊野地，每当暮色四合、星斗满天时，这里枯树啸风，野犬吠伴，路过此处，令人胆寒。那时，环湖地区是蒙藏牧民游牧的地方，青海东部农民尚未有去青海湖捕鱼的，“每年冬至前后，由蒙古人捞取出售，冬为冰鱼，夏为干鱼，销路最广。”

原西宁西城门地接青藏大道，渔场台又紧靠西城门，驮鱼驼队由西而来，此处近城而又便于圈养驼队牲畜，贩鱼商家就近“批发”，久而久之，这里竟成了渔货市场。人们随称这里为“渔场台”。

1929年初，国民革命军孙连仲部，在享堂沟与马仲英部交战，有300多名官兵阵亡，孙连仲在渔场台修门垒墙，建成坟园，将阵亡将士埋葬于此，这里曾称为“国民军义地”。

古城台

古城台，指今西宁市城西区西关大街中段的一片地区。黄初三年（222年），魏文帝曹丕为了加强对河湟地区的统治，命令“凭依西平亭，增筑南、西、北三城”，互为犄角之势。据已故地方史学者魏明章先生在《青海历史纪年》一书中说，西城即建在今古城台地区。百余年后，南凉秃发傉檀为防范西方劲敌，大规模地改建西城，筑虎台、修演武场，这里一度成为南凉国政治、军事中心。宋景祐三年（1036年），唃厮啰入据青唐（西宁），因其崇尚佛教，所以西城“城中之屋，佛舍居半。”第四代青唐主辖正“既为乾展等逼逐，移居新城，弃其印于旧城。”自后城西旧城一直被废弃不用，荒堞故墟，废垒满目，“兔从狗窦入，雉从梁上飞”，九百年岁月流逝，古城早已荡然无存，只留下“古城台”这一地名。

山陕台

山陕台，指今西宁市城中区南关附近的土台。它的得名，与山西、陕西两省商家在西宁经商是分不开的。自明洪武六年（1373年）建西宁卫之后，为了进行有效的开发与管理，明王朝在河湟谷地建起军屯与民屯，施行屯田政策，大批山西、陕西及南京人移居青海。至20世纪中期，来宁经商的山陕商人中“绛太帮”就发展至106家，故有“客娃满半城”之说。在那交通险阻、时局不靖、货物匮乏的岁月里，他们为了相互照应、互通信息、协调行动，建起类似“同乡会”的组织。清光绪二十六年（1900年），山陕商人在后街（今城中兴隆巷）茶店地址修建“山陕会馆”，作为“聚会”的场所。

山陕会馆是当时西宁有名的文化场所，同时为山陕籍客商提供必要的帮助。山陕商人中有不少人因天灾人祸，或经营不善，有的落魄街头，有的流徙四乡，有的最后竟客死西宁，魂寄异乡。为了安葬他们，山陕会馆筹资购买城中南关土台作为义地，埋葬山陕籍客商。条件好者，若干年后骨殖被家人或亲朋搬回原籍重新安葬；条件差者，只得骨留土台，长眠他乡。久而久之，土台被人们称为“山陕台”。

凤凰台

凤凰台，指西宁南禅寺背后山巅凸起处。西宁南山又称凤凰山，得名已是很久远的事了。明代石檟的《塞下曲》中已有“龙旗摇曳凤凰山，汉将英风振百蛮”的诗句。

据民间传说，当年有只凤凰飞经西宁时，曾落于山头，停留有时，因称落凤之处为“凤凰台”。凤凰性格高洁，“非梧桐不止，非练实不食，非醴泉不饮”，作为古代神话传说中的吉祥富贵之鸟，落凤本身就是代表一种“祥瑞”，所以“凤台留云”被列为古湟中八景之一。清代诗人张思宪的一首“凤台何日凤来游，凤自高飞云自留；羌笛一声吹不落，纤纤新月挂山头”的七绝诗，给我们描绘了一幅静谧凄丽的南山月夜图，更使凤凰山声名远播。

凤凰台扼西宁南川川口，翘首麒麟河东岸，北近城郭，下有寺院，是人们登高望远，游目骋怀的最佳之地，每至夏秋季节，这里游人不断。明代，青海大建长城、修筑烽墩时，凤凰台上曾筑起凤凰墩。20 世纪 80 年代，这儿曾建凤凰亭。

朔屏台

朔屏台，湟中南佛山山顶名，形状独特，是湟中有名的自然奇观。天下诸山皆有峰，唯独南佛山无峰，这里东西近 10 里的朔屏台平坦如砥，除茵茵芳草外，高山蝶在翩翩起舞，金露梅撒下一地金黄。如果不是远处峰峦起伏，你还真以为到了千里草原。这里照壁山如屏，经纳河似练，夏季山风徐来，透心凉爽。朔屏台南连石楼梯，北接舍身崖，东望玄芳嘴，西顾小石门，大小康缠横亘于前，天地如画；千山万壑纵列在后，绿色满目。云浮头顶，鸟鸣耳畔，真乃一方避暑之胜地。

猪圈台

猪圈台，位于西宁市莫家街南端路西，此地原有一深巷，据《高原古城地方志通讯》记，是明代末年西宁镇副总兵莫与京家养猪的地方，后人称这里为猪圈台。

蜡烛台

蜡烛台，位于西宁市虎台，今已无存。《西宁府新志》载："台（指虎台）之东有土墩四，四隅直立，相距各二百丈，高各七丈。惟东北隅者，高仅丈许；台西有六墩相连，俱甚小，不知何时所筑也。"民间传说是唐朝大将薛仁贵与吐蕃作战时所设的假粮堆，人们叫它"谎粮墩"。直到20世纪中叶，虎台四周尚留有一些土堆，其中东侧自南而北，有四个小土墩，人们还能说起它们的名称，分别称为花将台、上蜡烛台、中蜡烛台、下蜡烛台等。民国八年（1919年），陇上名士周希武（字子扬）奉命赴玉树调查时，途径西宁。他在《玉树调查记》中记述："台（指虎台），南凉秃发氏所筑也，俗谓之将台。台之东有墩四，四隅角立，分别称为'花将台''上蜡烛台’‘中蜡烛台’‘下蜡烛台’。相距各一百二十丈，高七八尺，疑皆秃发氏所筑。此亦当时伟大的建筑，而夷酋之不惜民力，于此亦可见矣。”虎台西南，今刘家寨南滩，也有四个小土墩，经城西区开发建设时，除虎台以外，其余各土墩全毁。西川南路路北的土墩，到了海湖新区开发建设时，才彻底消失了。

塌庙台

塌庙台，位于大通娘娘山山腰，距山门约 3 公里。据史料记载，隋大业五年 (609 年)，隋炀帝亲征吐谷浑，率军及文武百官、嫔妃和各种服役人员约 10 万之众巡于河右，5 月进入西平 (今西宁市) 以北的长宁谷，在金山大宴群臣，传说随行的隋炀帝胞姊乐平公主 (即前北周天元皇后) 因受不住青藏高原的寒气，殂于金山。正当隋炀帝万分悲伤时，不知从什么地方飞来了无数白蛾落满了葬地，隋炀帝认为是“天地吊唁之兆”，随之把金山改名为“金蛾山”。后来隋炀帝西征胜利，起兵东还时，留兵吏驻扎在长宁为地方官，并让兵吏在金蛾山景色秀丽的地方修建“金山圣母庙”，以示纪念。后因金山圣母庙“年久失修，遂致倒塌。”人们便把这里称为“塌庙台”。

火烧台

火烧台，大通地名，位于大通老爷山北侧半坡处。火烧台背倚峭壁，前瞰东峡河，是一块东西较窄而南北稍宽的台地，当年台上建有一座佛教寺院，人称“老佛寺”。在清雍正年间的罗卜藏丹津之乱中，老佛寺被烧毁，于是人们遂称其地为“火烧台”。乱平之后，一些被毁寺院陆续得到皇家准许重建，如广惠寺、却藏寺等。因火烧台地处要津，兵家必争之地，虽有人多次欲重建寺院，但清廷严禁在此重建，并在台上“立碑封禁，以昭炯戒。”

旧寺台

旧寺台，位于今湟源城东二里许的二级台地上，即原东科寺寺址。离开西宁进湟源峡，过大扎湾，前面就是湟源的东大门“二架梁”。站在二架梁北古城的残垣上西望，那湟水北岸、八宝（拜）山下的二级台地上，依稀是农民耕种过的田地，在冬日苍白的阳光里，只有荒草萋萋，很少有人光顾。这里的残砖碎瓦，散落在早已荒废的农田地边，迎着猎猎西风，可以眺望楼馆林立的湟源城，可以俯瞰 109 国道上接踵而驰的车队，可以欣赏滚滚东去的湟水；还可以遥望已成村落的南古城遗迹，可以仰望直插云霄的大峨博。也许是读音不准的原因，这块较为平整的台地，当地人称为“金寺台”，而《丹噶尔厅志》中记为“旧寺台”，说当年这里曾建有东科寺。

东科寺亦称“东科尔寺”“洞阔寺”，都是藏语的译音名称，原名全称“东科尔具善法轮洲”。清顺治五年（1648 年），由四世东科活佛多杰嘉措创建于湟源城东百米处，属藏传佛教格鲁派寺院，后因罗卜藏丹津之乱被毁。清乾隆元年（1736 年），由五世东科尔索南嘉措移建于湟源日月乡境内，所遗旧址人称“旧寺台”。

马坊口

马坊口，位于莫家街南端，原西宁五中操场一带。在元末群雄争霸的烽火中，安徽寿州人莫得投奔朱元璋，后因军功封为西宁卫世袭指挥佥事，坐镇西宁。据现存《古湟莫氏宗谱》中由晚清西宁著名书法家和诗人张思宪所撰写的序来看，西宁筑城时，莫得曾在长兴侯耿秉文的指派下，负责这一工程，因忠于职守，所筑墙体坚固而受到嘉奖。后其子莫云继任此职，因功又被加封指挥同知，并恩准在城内选址建造莫氏府邸，莫氏后人即在今莫家街一带卜地筑屋，建起私邸。近300年间，莫氏家族显赫于世，马坊口即是莫家圈养马匹的地方，久而久之，人称其地为马坊口。

南、北番仓

南、北番仓，西宁旧地名，指西宁西门外南川河东侧的滩地。以连接西门的通济桥为界，通往桥的南侧称为南番仓，桥的北侧称为北番仓。

据说从元代到明朝末年，西宁周边邻近的一些部落常携带牛、马、羊和所产的畜产品来此交易，以换取日常用品。《西宁府新志》载：西宁当时“北蒙南番，络绎于道，皮毛、鱼盐、药材、森林（木材）、矿产之利，均委输焉，亦河西一大都会也。物力雄厚，交通便利。极力经营，将来发达未可量也。”按当局规定，交易活动不能进入城内，只能在城外择地进行，久而久之，西门外通往南川河桥的道路两侧逐渐形成畜产品交易市场，人们称这里为南番仓、北番仓。西川多巴和北川白塔交易地形成并扩大后，这里交易规模逐渐缩小，市场逐渐冷清，最后土地有的被官府征用。如清光绪三年(1877年),西宁办事大臣豫师因西宁久旱，官民无祈雨之所的缘故，在此购地修建海神庙。有的被士民购买，有人在此开起药铺（北番仓）、车马店（南番仓），有人建成私家花园。如西宁名士李协中的花园就在北番仓，花园内建有时乐楼。民国时青海省政府秘书长陈显荣所修的陈家花园也在北番仓。直到20世纪六七十年代，逐渐被西宁体育馆、西北园旅社等高楼大厦所代替。

恩济仓

恩济仓，西宁清代粮食官仓名，建于清雍正十二年（1734年），位于水眼洞街南(今上人民街)。西宁地区有关粮食官仓的修建,史料罕缺。由于明代“海寇”之患,中后期西宁周边军事形势严峻,大军齐集,粮糈需求量大。据《西宁卫志》记载，西宁虽是弹丸之地，但万山环绕，“馈运艰甚，仓廒无粮，草场无草，青黄不接，贸易无措”，筹粮官员虽“委曲调停”，下乡四处征集军粮、马料，但所得“仅供万军出塞十日之支”。加之管理西宁粮仓的主要官员远在370里外的庄浪，“无暇遍履，稽查艰困，致使各仓场奸弊纷如，日甚一日。”为此，都御史石茂华曾上奏朝廷，要求在西宁添设通判，以提高西宁仓场管理机构的级别。也许就在这时，当局在今城中区仓门街北侧，修建了容量更大的在城仓。雍正十二年（1734年），由散佚大臣署西宁总镇印务范时捷负责，在水眼洞街南修建粮仓25间，以“贮粮接济兵食”，定名“恩济仓”，后毁于同治年间兵燹。

丰黎仓

丰黎仓，也称尕仓，建于民国十一年（1922 年）。位于西宁后马场草场（今大同街果洛办事处家属院），面积达 3740 平方米，由西宁县县长周希武、西宁道尹黎丹、巡警局局长明璋筹款兴建。

民国十年（1921 年），西宁地区秋雨成灾，粮食歉收，粮价飞涨，饥民遍地。周希武等先在县仓设粥棚济民，四乡饥民进城求食者近万人。自此以后，为备荒救灾，始建丰黎仓。仓院内修建土木结构的廒房 8 座，东西各 3 座，南北各 1 座，共计 32 间。另建平房 3 间，作为办公、守仓之用。廒房按“天地元黄，宇宙洪荒”八字为序，每座储粮 400 余市石，共 3200 余石。丰黎仓粮食品种为青稞、豌豆和小麦 3 种，每年各川乡民还可以在清明前借种子或口粮，秋收后归还。规定政府人员不得参与这项借还手续，由城乡绅士负责借发和归还。民国二十三年（1934 年），丰黎仓被撤销，粮仓地址由马步芳分别赐赏给了八十二军参谋长金耀星、西宁警备副司令赵遂和八十二军军需处处长赵焕然，作为私人住宅。于是丰黎仓仓库被拆除，建起了一家家公馆。

大垭壑

大垭壑，西宁旧地名，位于现南大街和南绕城路的交汇处，现已无存。明代筑西宁城后，原青唐城旧城墙南墙还残存。据巢生祥老先生说，直到 20 世纪前半叶，向西还有 1200 米，一直延伸到现西宁市政府大院西侧，再拐向北，还残存有数十米。现南绕城路上的青唐城城墙残迹，只是南滩古城城墙的一部分。清嘉庆十七年（1812 年），西宁府知府锦明鉴于南滩古城早已废弃，下令挖开南门外有碍通行的旧青唐城城墙，挖断处两侧残墙崖高数丈，人称其为“大垭壑”，位于今红十字医院南端。

当初为了方便出行而开挖的大垭壑，后来竟成了老西宁一个重要的地理标识。大垭壑内，是较为繁华的市井街道；大垭壑外，是荒郊野地，乱冢累累。民国时，大垭壑外曾一度是青海执政者马步芳杀人的刑场，1942 年夏，西宁中学学生樊世良因在日记中抨击马步芳暴政，被省政府秘书长陈显荣发现后举报，樊世良被捕受尽酷刑后，于 1943 年农历正月初十被活埋于大垭壑外。

关 厢

关厢，指古时西宁东门外的商业区。此地作为西宁最繁华的商贸区之一，真可说是一天到晚摩肩接踵，辐辏络绎。东门地区的繁华并非一两年的事情。

早在近 900 年前的唃厮啰时，青唐城的东城就已很繁荣，曾来过西宁的北宋右班殿直李远所写的《青唐录》中就有记载，说西宁东城“惟陷羌人及陷人之子孙”，那儿住有历次战争中被俘获或流散的于阗、回鹘等商人数百家。明洪武二十年（1387 年）筑成新城后，因东门外商贾众多，店铺比邻，当时人称其为“关厢”。说“东门连关厢，商贾市肆皆集焉。”据《秦边纪略》记载：“西宁城内外皆辐辏，而城东为最。回回皆拥资为商贾以及马贩屠宰之类。辐辏殷繁，不但河西莫及，虽秦塞犹多让焉。”“城之中牝牡骊黄，伏枥常以万计。四方之至，四境之牧不与焉。羽毛齿革，珠玉布帛，茗烟麦豆之属，负提辇载，交错于道路。

出其东门，有不举袂成云，挥汗成雨乎？”为保护关厢商家的生命财产安全，嘉靖二十一年（1542年），当时的西宁卫兵备副使王昺率军民绕关厢修筑了子城。据当时西宁名士张问仁《重修西宁卫城记》说：“关厢之役，薄者厚之，卑者高之”，子城东门定名“保良门”，就是后来的“东稍门”。因东门东通兰州，兰宁大道上不但有车载马驮的商贾，还有风尘仆仆的官员。为此在东稍门外还建有“接官厅”，以专门迎拜皇家专使或上级官员来宁，正因为如此，东门被称为“承恩门”，城楼檐下的匾上还题有“天河锁钥”的文字。

城角子

城角子，指西宁城外西北角。当初耿炳文筑西宁城时，弃南占北，城基“割元西宁州故城之半”，城墙“高厚皆五丈，壕（护城壕）深一丈八尺，阔（宽）二丈五尺。”但城墙西、北两面筑在高崖之上，“因崖为基，池不能环”，所以没有护城壕。尤其城墙西北角（今海南办事处，海悦酒店处），沙夹石的土崖高耸，崖上的城墙更显得巍峨挺拔。当年这里有依城而居的几户李姓人家，有的以捡拾河道石灰石，烧制石灰为生，因无村名，人们以所处地的特征为名，俗称为城角子。

南城壕

南城壕，西宁南城墙外护城壕。当初耿炳文筑西宁城时，弃南占北，南城墙所在地黄土层很厚，所以筑城时用土多取自这里。尤其东南角有后来称之为“山陕义园”的土台，筑城取土后留下了很深的壕沟，人称“南城壕”。

南城壕北依城墙，南侧不远处有水渠，这条水渠西连南灌沟，东通瓦窑沟，有人形容这里“层叠丹崖如画里，纵横碧水绕城边。”南城壕南侧由于土层厚、有水源，当年水渠两侧绿树成荫，遍布农田、菜地，人称为“南园”。

据老人们讲，当年南城壕作为一条车马道，从渔场台下来，沿南城壕拐向东行，到山陕台下向北拐，即可到今花园南街。平时，人们在这里遛马散步，近看城头垛堞逶迤，古砖苔染，麦田菜地，嫩黄深绿；远观青山四围，古木苍翠，寺院隐现，经幡摇荡，真是别有一番情趣。但随着人口的增加，不久就有人在水渠两侧垒墙筑屋，渐成村落。如李土司四门庄即在南门外。到20世纪，就有人在这儿开车马店，建作坊，修花园。据巢生祥老先生回忆，到二三十年代，仅南城壕西段南侧，就有近10家，分别为赵烧坊、李家店、邓琏店、邓珽店、李吉斋菜园、张三爷菜园、张大爷菜园、孟家花园、邓八爷家等。南城门正对小石桥的小巷里，也住有寇铁匠、权算卦、秦铜匠、丁杠房、仇奶奶、王妈妈等人家。

水眼头

水眼头，位于今西宁水井巷南头西侧。据清乾隆年间所绘的《西宁府城图》看，那时已从南川河开渠（时称“南灌渠”）引水，一股水经南禅寺脚下流向城墙西南角，穿城入内，然后顺沟流向街巷，“供市民打扫卫生、洒水压尘及灌溉之用。”渠水穿城之洞，人称“水眼洞”，即在今南关街西口歌剧团院内东北护坡上部，再后来，人们把这里叫作“水眼头”。

水沟边的空地上，有人筑墙建屋，渐成街巷，遂称“水眼洞街”。水眼洞街和官井尔街、北斗宫街是城内西大街南侧唯一的三条街巷，被杨应琚收录于《西宁府新志》中。

后马场

后马场，位于今西宁斜石巷、大同街一带。明洪武二十年（1387年），长兴侯耿秉文率陕西诸卫所士兵修筑西宁城后，作为陇右重镇，城内一直驻有重兵。到明神宗时，西宁卫参将统领有马步兵3152名，时有营马2519匹。众多的马匹每天要消耗大量的草料，所以那年月给官府“上粮纳草”是老百姓的重要任务。当年供营马食用的草料集中堆放在城内封闭的西北隅，即今大同街一带。《西宁志·西宁卫城图》就标明，这里是卫城的“草场”。《西宁志·卷二·建置志》中就注明：“草场在城西北隅，弘治十六年都御史刘璋奏设。”它东临茶马司、城隍庙，后来重刊的《西宁卫城图》（现存甘肃省图书馆手抄本）中也标明这里是“草场”，但“茶马司”已不存在。

清代立国后，城内驻有前、后、左、中、右镇标五营，共统辖马步兵4500名，这就是今天城内有前营街、后营街、中营房街等地名的原因。镇标五营和城守营平时负责城市和卫内各地的治安、守卫，国家有战事时，要奉调外出，应征御敌。右营就设在今大同街小学一带，管辖马战兵480名，步战兵320名。据《西宁府新志》记载，右营游击就驻在“西街石巷子（今斜石巷）东向”，右营守备就驻在“右营营房门，南向”，右营前的通道曾叫作“右营房街”，右营房街后面草场既是圈养营马的地方，也是堆放草料的场地，所以人们称其为“后马场”。

清末，镇标五营迁往城外，所遗“后马场”成为一片空旷地，因是一处官府用地，老百姓不敢占用，所以一直在闲置。据我省已故知名的地方史学者杨文盛先生说，1921 年，西宁道尹黎丹、县长周子扬、巡警局长明璋等筹款在这儿建起丰黎仓，共有 32 间仓房。因城内原有义仓和社仓，所以老百姓俗称丰黎仓为“尕仓儿”。12 年后，当局废除丰黎仓，将地皮分别赏给“马家军”头面人物金耀星、赵遂等人，让他们修建私宅，如八十二军副军长赵遂的私宅就建在今大同街省文联家属院，一时偏僻荒凉的后马场顿时成了达官贵人的天下。

后涝坝

后涝坝，涝坝，又称涝池，西宁道佥事杨应琚在《据鞍录》中说：“涝池者，掘地为凹，以积雨雪，人畜共之。”这里指西宁筑城时因取土而形成的凹地，后积水成池，因地处城内较繁华的街道之后，所以称为后涝坝。西宁因筑北城墙取土而形成三处凹地，一处在大同街东端以北，一处在北玉井巷东端以北，另一处在今新民街以北。三处凹地中，尤以今新民街的涝坝最大。西宁兴隆巷旧时称“后街”，这里建起山陕会馆后曾一度叫作会馆街。后街的北面叫“后涝坝”，因这里北靠城墙，是城内最低的地方，每逢下雨消雪，污浊的脏水流向这里，日积月累，形成了一个近 3000 平方米的水池，而且冬夏不涸，人称后涝坝。一冬天尚可忍耐，夏日里水面污物满目，臭气熏天，路过者只得掩鼻而过。据张志珪先生说，后涝坝北侧的城墙根挖有数十个窑洞，一些讨饭求生者在此栖身。涝坝四周，也有些简陋土房，斑驳陆离，住着一些靠打隔褙、织口袋为生的贫苦人。处在它南面的后街尚且没有个正式的街名，龌龊的贫民窟后涝坝哪能有个名字呢？后来，人们只把它叫作“后后街”，意思是后街后面的“街”。而人们背地里却把它叫作“臭臭街”。

1951 年夏，在西宁市政府的发动下，人们不分老幼，硬是用背斗等简陋的劳动工具，从城外背来砂石，填平了后涝坝，一条像模像样的街道形成了。经政府批准，定名为很有时代特色的“新民街”。

狼扯坡

狼扯坡，指湟中金鳞山两侧山坡。此地古时地旷人稀，常有狼群出没，屡次伤人，因起“狼扯坡”这一瘆人的地名。过去，人们为走捷路，金鳞山上有两条过山路，两条山路所在地分别被称为上狼扯坡和下狼扯坡。上狼扯坡路从海马泉村上山，沿长城堑壕翻山；下狼扯坡路过班沙尔，东行到金鳞山下上坡，翻山拐两个山湾，可下至县城下纳滩，今妇幼保健站附近。

白石头

白石头，位于今湟源东门外大巷道南口对面、城关第二小学东侧。丹噶尔城筑于大垭壑冲积形成的扇形台地上，多为沙夹石土地。当年这里地表露出一块当地不多见、面积达六七平方米的白色石头，石头表面凸凹不平，人称其为“白石头”。在当时的条件下，因在其上难以筑墙垒屋，尽管土地金贵，周围的人家庄窠都远离白石头，所以成为一块不小的场地，突兀的石头一直崛在那儿，成了这一块地方的地理标识。那时，人们一说起丹噶尔的白石头，都知道是火祖阁东南的那个地方。

铁桅杆

铁桅杆，位于大坂山山顶，今已无存。据《大通县志》记载，离大通白塔城北50里的大寒山（大坂山）山顶曾立有一根高达数丈的铁杆，也不知是哪个时候树立的，人们称其为“铁桅杆”。

民间相传，古时二郎神曾来过这里，当时遇到“大风疾劲，拔木摧房，故竖此以压之。”后到清同治年间，铁桅杆在兵燹中被毁去其半，剩余的半截仍竖在那里。可是没过多久，又在光绪年间的兵燹中，剩下的半截也彻底被毁。

铁锨崖

铁锨崖，位于白塔城北祁家堡北。史载祁家堡北有处山崖，长约5丈，宽有约6丈，整个形状和一张铁锨一样，惟妙惟肖，令人叫绝。再加上崖旁有一眼山泉，潺潺溪流，声响如琴，传说二郎神出游至此，曾逗留多时，故人们称其山崖为“二郎铁锨”。人们因独特地貌产生联想，附以传说，更增添了景观的神秘色彩。

古石镜

古石镜，位于大通东峡元墩堡西面的平顶山山顶。据《大通县志》记载，平顶山山顶上，“奇石参差，一柱挺然，从中高矗。”这座石柱的西侧，孤零零地悬有一岩，岩下有泉水流出，味清凉而好喝。尤为神奇的是，泉眼上方 4 尺的地方，嵌有一面直径达 2 尺的天然石盘，石盘就像经过人工打磨一样，“晶莹光洁，照影入微，须眉可数，诚天然宝鉴也。”

大校场

大校（教）场，位于西宁城东郊外二里许的南部。《西宁志》称为“演武场，城东郭外。”《西宁府新志》称为“大演武场”。大校场建于明洪武十九年（1386 年）；成化三年（1467 年），指挥孙中重修，为明清以来当地驻军演兵习武的最大场地。

大校场场地开阔，占地约 800 亩，北向门。其范围东至今德令哈路，西至树林巷，南至南滩，北至今八一路。其内建有官兵驻地营房数十座，可容纳 20000 多骑兵和步兵进行操练或检阅。壮观的演武大厅建于明代，位于校场正东，数百年来，曾多次进行过修葺。青海许多重大节日、大型活动都在此举行，如清光绪三十四年（1908 年）欢送十三世达赖喇嘛土登嘉措赴京大会就在此举行。民国十八年（1929 年）元月，为庆祝青海成立行省，青海省政府主席孙连仲在这儿举行了声势浩大的阅兵仪式。当时为了震慑马家势力，孙连仲部下辖的田镇南、高树勋、安树德三个师共 30000 余人“全副武装，枪上刺刀，腰挎手榴弹，扛着轻重机枪，雄赳赳地从大校场整队出发，沿东西大街游行至城内小校场。”

民国二十六年（1937 年），青海省运动会在这里举行。20 世纪 30 年代，为了穆斯林群众聚礼方便，每年逢大、小“尔德节”，一律改在大校场进行聚礼，庆祝“尔德节”。1935 年，我国大公报著名记者范长江在参观了东关清真大寺后，来到大校场后，他在《中国的西北角》中，曾报道了在西宁大校场举行“尔德节”的盛况。

1949 年 9 月 5 日西宁解放，西宁各族人民在这里列队欢迎中国人民解放军并举行入城式，庆祝西宁解放大会也在大校场隆重举行。王震司令员在大会上号召，各族人民团结起来，在中国共产党的领导下，建设新青海。大校场现已无存。

小校场

小校（教）场，位于今城中青海省人民政府所在地。据史料记载，明初修筑西宁城后，为了给城内驻军马匹提供草料，这里被划为军用草场，一直使用到明末。清初，因设在“城东南隅”（今原前营街小学地域）的内校场地皮另有他用，“内校场”被迁到草场地址，作为“岁时校阅，护守城池”之用。清乾隆年间的《西宁府新志》中就载“大佛寺后为内校场，在城隍庙南，建有小演武厅。”后因东郊有“大校场”，这里渐渐被叫成了“小校场”。

小校场占地 20 亩，设东西两门，作为驻守西宁的清军镇标五营和城守营的“检阅之所”。随着城内驻军陆续迁往西郊“大营盘”，小校场“校阅”的作用随之减弱，但作为城中仅有的一块开阔之地，当时又起着公共广场的作用。

1929年1月18日，当局就是在这儿召开万人大会，宣告青海正式建省。那时的小校场里尚有数十间驻军营房，演武厅成了主席台，当时只有三四万人的西宁城万人空巷，沉浸在新省成立的喜悦之中。1931年9月，青海知名人士洛桑香趣和阿福寿发起成立“青海蒙藏文化促进会”,小校场演武厅又一次派上了用场,成了“促进会”的办公室。新省初设，百事待办，1932年，青海省民政厅厅长王玉堂倡议在小校场修建“青海省娱民大会场”，计划用3年时间，在这儿修建亭榭楼阁、运动器械，分别陈列出土文物、矿物标本，圈养一些野生动物，“以资地方人士假日游览。”就在“青海省娱民大会场”筹建之际，这儿又发生了一件轰动全城的事儿，让“小校场”再一次名留“青（海）史”。

“西姆拉”会议后，在英帝国主义的策动下，西藏地方亲英势力再一次挑起事端，青藏交界处形势紧张。同时，青海马家军的实力引起了蒋介石的极大疑虑。为了探测“青马”底细，达到消除异己的目的，他采用敲山震虎、借刀杀人的阴谋。1933年6月，任命原冯玉祥的部下、以盗掘乾隆、慈禧墓而臭名昭著的孙殿英为青海屯垦督办。孙殿英接命令后，率部自华北西进。孙殿英的任命，严重地触动了“青马”的利益。孙部要借道宁夏，同样使“宁马”深感不快。为了阻止孙殿英，马麟、马步芳一面指示青海各民众团体、蒙藏王公、活佛发表谈话，反对调孙部入青,并派社会名流、知名活佛赴南京请愿。另一面联合“宁马”，积极进行军事行动的准备，并在西宁召开“青海全省各界民众拒孙来青请愿大会”，给南京政府施加压力。此会就在小校场举行。

当年美国基督教传教士先劳德·毕敬士先生，为我们留下了一组四幅有关小校场的珍贵照片，其中一幅是小校场举行集会，反对孙殿英部队西进的现场照片，成了反映那次事件弥足珍贵的历史影像资料。

大营盘

大营盘，亦称“安西堡”，今西宁市五四大街小学即其地址的一部分。1867年6月，清王朝镇压了太平天国起义之后，任命左宗棠为钦差大臣、陕甘总督，率湘军兵分三路，赴西北镇压回民起义。5年后，湘军统领刘锦棠率6000军士攻占西宁，然后以西宁为据点，分兵镇压了大通、化隆、循化、贵德等地起义军。青海平定后，为了便于指挥，刘锦棠选定城西扼三川要隘之地筹建大本营。清光绪四年（1878年），清军统领安西军提督喻胜荣在原址督工修筑了长宽各两里的一座城堡，因是安西军所筑，所以定名为“安西堡”。安西堡墙体宽厚，底宽两丈，顶宽一丈，只设东门，以便与西宁城西门遥相呼应，易守易退。堡内修有营房，安排湘军驻扎。安西堡背扼西川口，左控北川进西宁城要道，右制南川口，地处要冲，足见刘锦棠当初选址的良苦用心。它因是军队驻地，又被老百姓俗称为“大营盘”。直至清末，为“弹压地方”，这里一直驻有一标常备清军。1911年乔寿山发动“元山尔反清起义”时，曾派人联络大营盘“新军”，即指这一标常备清军，当时由于消息外泄，联络中断，致使起义失败。

清王朝覆灭后，马麒主政西宁，大营盘便又成为宁海军驻军之地。经过数十年的苦心经营，马家军在西北成了一支举足轻重的力量，因而引起蒋介石的疑忌。1934年，国民党政府为了在青海培养亲蒋势力，曾与青海当局交涉，欲在大营盘筹建中央政治学校西宁分校，以加强对青马的监视。马步芳虽然如鲠在喉，很不愿意，但自度难拒，只得将驻军迁出。同年10月15日，中央政治学校西宁分校在大营盘正式成立。据赵仰仑老先生回忆，当年西宁分校实行公费，每年只招收一个简易师范班，学制四年，面向全省招生，也兼收女生，这在青海教育史上尚属首例。虽名为国民党“中央政治学校西宁分校”，但从建校之日起，就具有师范教育和民族教育的性质和特点。

学校成立后，国民党军统委派周觉生出任学校主任，并秘密配备电台，通报“青马”的一举一动。但不久就消息外泄，周觉生等因身份暴露，处境十分尴尬，只得相继离青。1940年，学校被国民党教育部接管，更名为国立西宁师范学校，1946年又改称为国立西宁边疆师范学校。1942年后，康世诚、杨质夫曾先后担任学校校长。杨质夫为青海近代知名学者，是我省互助红崖子沟老爷庄人。据赵仰仑老先生回忆，杨质夫早年曾在西藏哲蚌寺学习，精通藏文，后拜著名学者喜绕嘉措为师，所著《汉藏大辞典》迄今仍有很高的学术价值。和他在一起的还有林常盛、靳重言、马源、仓传舟、吴均、陈希夷、祁俊山等老先生。一个个不但学识渊博，而且治学严谨，所以学校在社会上享有较高的声誉。从分校创立至新中国成立，已有近千名学生从这里毕业，为培养当地人才做出了不可低估的贡献。

“大营盘”回到人民手中后，学校曾一度称为“青海师范”，并办师范附小部。“青海师范”迁出后，1964年“青师附小”更名为五四大街小学。经几十年修建，这里已成为西宁市繁华地区。

乐家湾军营

乐家湾军营，马步芳统治青海时期修建的最大军营，位于西宁城东罗家湾。1937 年秋，马步芳把罗家湾划为驻军区，强令罗家湾农民迁移到四周贫瘠之地，在划定范围内平整校场，修建军事首脑办公区和士兵营房，威严的军营大门被定名为“长胜门”，一时间罗家湾地区成为西宁地区最大的军事禁区。之后，马步芳又将罗家湾改名为“乐家湾”。

南川营

南川营，清代设置，位于今南川徐家寨。徐家寨曾称伏羌城、伏羌堡，是西宁南川一个很有名的地方。这里因南通马鸡沟峡，西接蚂蚁沟，东连东沟滩、班马坡、峡门大道，扼南川要津，自古就是兵家必争之地。北宋时筑有一座南北长 400 米，东西宽 300 米，只开东门的城堡，称伏羌城，以管理捏耳朵峡北的大小南川地区。明洪武二十五年 (1392 年) 五月，太祖朱元璋封徐勇为西宁卫前所流官百户，驻守伏羌城。此后徐氏后裔就倚城而居，遂成望族。清乾隆十二年（1747 年），在这里设立了协路 24 营之一的南川营，常驻马步军 198 名，并派有游击、千总、把总各一员管辖。当时有的协路营只有都司负责，而南川营却委派了级别高于都司的游击统领，可见当局对南川营的重视。

南川营在清代，除道光年间因陕甘总督富呢杨阿巡边遭劫而曾增添营兵外，随着军事地位的降低，守兵也逐渐被裁减，至光绪年间，只剩下 104 名。清王朝灭亡后，民国三年 (1914 年)，奉当时中央命令，一律裁撤绿营，西宁府所辖镇标五营和协路各营编为宁海巡防各营，归甘边宁海镇守使马麒统管。至此，作为军事要塞的伏羌城——南川营，也就成了一个普普通通的村庄，湟中总寨乡徐家寨村。

尕南营

尕南营，湟源县城南烈士陵园后面半坡的一块平地。清末战乱中，丹噶尔厅地方官民为守土护城，在平地上建碉堡六七座，马营盘一字横列，上设号炮，称为“镇南团”。因西面阿家兔西山营盘规模较大，人称“大南营”，故这里被称为“尕南营”。碉堡废垒今已片瓦无存，想不到当年一简陋设施，竟成了百年不改的地名。

乐家湾飞机场

乐家湾飞机场，青海第一座飞机场，建于 1931 年，位于西宁城东罗家湾村南。1931 年马麒去世，其弟马麟出任青海省政府代主席，当局决定在罗家湾南山根一带，征地修建飞机场。乐家湾飞机场修建工程紧紧张张地进行了一年多后，平整了长宽各 1000 米，面积达 100 万平方米的一块空地。次年，国民党政府交通部计划开通上海至迪化（今乌鲁木齐）民航班机，该航班途经西宁，为此电告青海省政府在原来的基础上扩建飞机场。马麟下令省建设厅、新编第九师司令部（该师驻南大街火神庙）和交通处三单位会同修建。同年 6 月 5 日，强征民工 350 人、泥水匠 90 人、骡驮水桶 40 副、骡车 10 辆，并准备石灰、胡麻草、麦草等原料，用砂石、胶泥修筑场地，将原来的飞机场扩为长宽各1600米，面积达256万平方米的场地。场地中心“涂40米的白圈，场地四周用石灰涂成断断续续的白色长方形虚线，每块长5米，宽半米，用于指导飞机降落”，至此，乐家湾飞机场宣告基本竣工。1933年4月，欧亚航空公司经理李俊景为开辟航线，从南京首航西宁。当时，他乘坐的飞机在西宁城垣上空旋转三圈后，降落于乐家湾飞机场。那是西宁人第一次在家乡见到飞机，万头仰望，欢声雷动。随即西宁航空站成立，大通人赵有德被委任为首任站长。

1942年8月26日，时兼任国民党军事委员会第八战区司令长官的蒋介石从兰州乘飞机来西宁降落到乐家湾机场。27日，宋美龄亦飞来西宁，随同的有钱大钧、朱绍良、胡宗南、戴笠、白崇禧等高级官员。1949年9月1日，马氏政权崩溃之际，马继援作为最后一个登上飞机的马氏家族成员逃出青海。随着他的黯然离开，马氏家族三代统治青海40年的历史，到此画上了一个句号。

西宁卫卫学

西宁卫卫学，明代官办学校，由都督史昭创办于宣德三年（1428年）。校址位于西宁文庙旁，即今文化街。明宣德二年（1427年），史昭以总兵官身份来西宁，他认为西宁是河西巨卫，山谷险阻，风习亢然，必须实行“教先于政”的政策，才有利于地方的安定和国家的统一。为此，他上奏“请建孔庙，开学校，举屯田”，请设学校如中土。明宣宗朱瞻基从其请，批准在西宁建文庙，修儒学。从此，西宁卫有了一个“供生员读书”之地，“孤悬天末”的青海教育从此翻开了重要的一页。

西宁卫学在明代曾多次进行了维修，成化六年（1470 年），都御史徐廷璋檄守备都指挥孙鉴增修，尚书王竑曾为之作序。嘉靖十二年（1533 年），副使李经重修，湖北咸宁刘储秀为之作了撰记。清雍正三年（1725 年），西宁卫卫学改为西宁府儒学。

西宁府儒学

西宁府儒学，清代官办学校，即原明代西宁卫卫学，清雍正三年（1725 年）改为西宁府儒学。学生每年一贡，考取文生，由西宁县学、碾伯县学拨入 12 名，大通卫拨入 1 名；每年考取武生数与文生数相同。

约礼、博文斋

约礼、博文，清代西宁书斋名，位于西宁府门街（今文化街）文庙大成殿北，明伦堂南。二斋与明伦堂、崇圣祠共为一院。从大成殿北行，进仪门，沿中线前行，西为约礼书斋，东为博文书斋。再前行，为明伦堂。穿堂，前为崇圣祠。

自明代史昭创设文庙，就设儒学于庙内，人称“卫儒学”，即学官。清代西宁卫改西宁府后，又改称“府儒学”。到清乾隆四年（1739 年）时，儒学“渐就倾颓”，西宁道佥事杨应琚、知县靳梦麟认为“化民成俗，其必由学”，于是捐俸对学宫进行了较大规模的修葺，在“（明伦）堂之东为博文斋五楹，西为约礼斋五楹，前为仪门。”在书斋内设几凳，聘请江浙宿儒为师，遴选“两邑（西宁卫、碾伯卫）秀才肄业。”为了解决学子伙食（脯修），又在城西杨家寨购置“学田”一顷三十七亩，每年收租粮十三石七斗五升，分给两邑廪生贫士，“以供厨馔”。

回民社学

回民社学，回民自办的私学。清乾隆十年（1745 年），由西宁道佥事杨应琚在知府刘弘绪等的支持下，在创办新社学的同时，在回族聚居的西宁东关，今东关大街小学校址创办。杨应琚在青海办了不少好事，首创回族教育即是其中之一，此为青海回民自办学校之始，今东关大街社学巷即由此而得名。回民社学创办后，60 年间培养了不少回族有识之士。嘉庆九年（1805 年），校舍已经残破不已，关心教育的西宁道蔡廷衡、知府马愚又捐银 400 两进行了维修。道光、咸丰两朝，国家多事，尽管学校束修艰难，但在当地父老的资助下，“延师教读”从未间断。到同治年间，陇右战火不断，西宁一片烽烟，其间虽有像玉通这样的地方官曾捐银 350 两助学，但学务时停，社学名存实亡。直到 1874 年，在西宁知府龙锡庆的捐助与支持下，回民社学才得以恢复生机。辛亥革命后，各地推行新式教育，回民社学改为西宁县立高等小学。比较关心地方教育的蒙番宣慰使马麒任职后，为了加快本民族教育的发展，改名为东关同仁小学。

西宁贡院

西宁贡院，清雍正十二年（1734年），为选拔人才而在西宁开设的考场，位于西宁小新街。历史上，西宁作为“边荒鄙地”，文化教育落后，直到明成化年间，才有李玑考取了辛丑科进士。此后，虽陆续有人中举，考取了进士，但只是凤毛麟角。那时，因西宁没有举行乡试的贡院，西宁和碾伯两县的文武学童必须远赴临洮或武威应试。千里迢迢，长途跋涉，负粮带物，受尽艰难，所以赴考者寥寥无几。在那以科举取士的年代里，受此条件限制，在一定程度上阻碍了河湟地区教育的发展。

清雍正十二年（1734年）八月，时任临巩布政司印务西宁道的杨应琚为达到“成人才，厚风俗”的目的，专门申请在西宁开设贡院，要求“文宗（考官）来郡考拔。”经同意后，西宁府县官员即在今小新街所在地购地修建贡院。修建过程中，杨应琚和西宁道副使高梦龙、知府杨汝楩、知县沈予绩等曾捐资尽力。贡院建成后，百余年间，“每岁应试者，数有增益”，使西宁地区“崇尚武力，信鬼服巫，风俗质野”的社会风气得到逐步的改变，从而也推动了青海地区文化教育的发展和社会的进步。据史料记载，我省近代有名的学者杨兴霖、徐润、吴栻、来维礼、谢以刚、蔡占珽等，都曾在西宁贡院参加过乡试。

清光绪三十一年（1905年），朝廷下令废科举、建学堂。西宁贡院也随之完成了其历史使命，继王朝的覆灭，在无人管理和维修的情况下，房舍也“日形坍塌”。1918年，当局将贡院划拨给了师范学校，作为校产，由学校处理，师范学校“遂将其拆毁，开成小新街。”

三川书院

三川书院，位于大通城关。大通自雍正三年（1725 年）始设义学，虽历经 13 年，但至乾隆元年（1736 年）时，文教日衰，“学不加进，业不加修”，义学几乎名存实亡。当时，西宁道佥事杨应琚首倡在大通创建书院，建成后定名为“三川书院”，“敦延名师，昼夜惟勤，寒暑无间。”并亲自为之拟定《皇清塞外大通卫三川书院学约》九条，要求学生行“圣贤之法”，求“诗书之经义，明忠孝之大端。”劝民读书，风气丕变。大通因先后建有三川、大雅、崇山、泰兴书院，不仅是我省创建书院最早的县，而且是创建书院最多的县。

湟中书院

湟中书院，创办于清乾隆五十年（1785 年），位于西宁南大街东侧，今南大街小学地址。清乾隆时杨应琚出任西宁道佥事后，“置博文、约礼二斋于明伦堂侧，俾士子肄业其中。”但杨离任后，二斋亦“岁久浸废”，西宁官办教育又陷于停顿之中。山东胶城人冷文炜任西宁县知县后，对地方教育极为重视，他说：“君子化民成俗，其必由学，培养人才，使之专于所业。讲学既无专地，安望学业之相与有成？”于是他不辞劳苦，选择校址，积极筹建书院。

由于南古寺院落宽畅，“轩敞而深靓”，冷文炜遂下决心“移梵宇为书斋”，将南古寺改建成书院，以便“聚诸生而考课。”清乾隆五十年（1785 年），修建湟中书院的工程在冷文炜的主持下动工，地方官员带头，老百姓也纷纷解囊，“斯举一倡，皆鼓舞争先，筹款 30 万，献工四千余，未两月而工竣。”湟中书院建成后，这里有了“讲课之所，诵读之舍，宾客之位，游息之区”，他还将书院东侧的一块空地平整为“射圃”，使学生有了活动的场地。为此，冷文炜还专门撰写了《创修湟中书院记》。

湟中书院在郡城建成后，陕甘学政张岳崧等即捐银 1500 两，“官吏绅民，踊跃捐助，旬日聚金五千两。”不仅经费较为充足，条件也较好，更重要的是邀请了当时名儒周兆白、屈笔山等担任主讲，名闻陇右。年底，冷文炜奉调离宁，但湟中书院一直办到清光绪三十一年（1905 年）废除科举，改为西宁县立高等小学堂为止，前后历时 120 年，为西宁乃至青海文化昌盛做出了不可磨灭的贡献。

崇山书院

崇山书院，原名大雅书院，清道光九年（1829 年），由大通知县张于湑创建于大通城东关儒学署侧。大雅书院有上房 5 楹，讲堂 3 楹，斋房 40 余间，前后 3 院。但好景不长，上述屋舍均毁于同治年间的河湟兵燹。同治十三年（1874 年），由知县、湖南湘乡人黄仁治经多方筹款，在训导杨潮曾、典吏李元林的倾力协助下重修，重修后更名为崇山书院。光绪二十一年（1895 年），崇山书院又在兵燹中被毁。

五峰书院

五峰书院，创办于清光绪三年 (1877 年），位于西宁西大街北侧，今西宁市保育院所在地。清同治末，青海局势由乱趋于平静，西宁府当局为了使府属各县学生有个读书之所，由分巡抚治西宁道张宗翰牵头，在办理西宁事务大臣豫师、西宁知府邓承伟的大力支持下，筹银13000余两，购西大街民房前后三院与花园一处创办书院。张宗翰取近城风景优美古湟中八景之一的“五峰飞瀑”为名，定名“五峰书院”。1877年秋书院落成。西宁府达官贵人、文人雅士曾聚会庆贺，“名家化理不寻常，五碧峰前辟讲堂”，不难看出当时人们欣喜之情。嗣后30年间，博学多才的名儒金文同、来维礼、赵永庆、蔡廷基等曾先后担任山长，主讲于该书院，使五峰书院在陇右都享有极高的声望。“匡庐岳麓岂寻常，此地重开六艺堂”，西宁知县朱镜清的诗，明确地表达了五峰书院敢与岳麓书院、白鹿洞书院相比的决心。

清光绪三十一年（1905年）废科举，因五峰书院属西宁府官办书院，其他县办书院改为小学堂，唯独五峰书院改为西宁府中学堂，学制为五年，开设修身、博物、读经讲经、中国文学、外国语、历史、算术、法制、化学等课程。之后由于教师奇缺，又将全部学生（约50名左右）并入甘肃第一中学堂。清王朝覆灭后，1913年又改为西宁七属两等小学堂，1917年至1936年短短20年间，学校曾先后被称为海东师范学校、甘肃省立第四师范学校、青海省立第一师范学校、省立简易师范学校等。新中国成立后，学校迁往西郊大营盘，在原址设立了牧区子弟保育院，后又改为西宁市保育院。

海峰书院

海峰书院,清光绪十三年(1887年),由清丹噶尔同知张晖旸设于丹噶尔城大十字正南都司衙门处。丹噶尔原有两个义学，分别称为南义学(丹噶尔城大十字正南都司衙门)和北义学(丹噶尔城东北隅仓院巷后),乾隆十一年(1746年),由西宁道佥事杨应琚和丹噶尔主簿顾宗预捐俸创修的。嘉庆元年(1796年),丹噶尔主簿刘之芳鉴于两个义学屋舍破旧，动员本地绅商捐资，“发当生息，以筹永远脯修。”清光绪十三年(1887年),丹噶尔同知张晖旸并两个义学为书院，设于南义学内，定名海峰书院，而北义学遂被废置。

泰兴书院

泰兴书院，由知县、福建侯官人万钟騄于光绪二十七年(1901年)创建于大通城西关。工程历时两年，于光绪二十九年(1903年)建成。泰兴书院先后聘请大通贡生梅汝赓、西宁举人蔡廷基为主讲，加之训导岳树声启迪有方，使书院声誉大增。光绪三十一年(1905年)废科举，泰兴书院改为大通小学堂。

蒙古半日学堂

蒙古半日学堂，清末民族小学，初建校址位于西宁南大街印心寺。清末废除书院改学堂后，1910年，清西宁办事大臣庆恕在印心寺创办蒙古半日学堂。蒙古半日学堂为西宁开办的第一所民族学校，归清政府理藩院和青海办事大臣公署管理。尽管当时仅招收 18 名蒙古王公的子弟入学，但揭开了官办民族教育的第一页。后来学校迁往前营三圣庙后，改名为宁海蒙番学校。

宁海筹边学校

宁海筹边学校，民国时中等学校，位于今南大街原西宁五中一带。1914 年，当局将马坊口（今西宁弘觉寺街）的原清军前营三圣庙拨给在印心寺的蒙番学校使用，从此，学校迁至马坊口。1924 年，学校升格为宁海蒙番师范学校，将原设师范甲种讲习科扩充为师范本科，附设中学班，分师范和中学两部，招收蒙藏王公头人子弟。1927 年，在甘边宁海镇守使马麒的倡导下，学校易名为宁海筹边学校，湟源名士朱绣出任校长。因朱绣，字锦屏，学校设有锦屏图书馆。课程除普通科目外，增设边事、藏文、青藏历史、地理、民族和宗教等。153 名学生分属中学、师范、职业三班。38 名教职工在朱绣的率领下，宣传“五四”时期的新思想，形成朴实、严谨的一代校风。“学生立志做大事，不可立志做大官”，当年书于学校院墙上的醒目标语，留给了一代人难忘的印象。学校要求学生按时进行童子军训练，做早操（人们感到新鲜，称其为“洋操”），所以就有了民谣：“北门低，南门高，南门学校操洋操。洋操操着不得济，学生唱开眉户戏。”

昆仑中学

昆仑中学，是民国时期省内规模最大、人数最多的中等学校，校址位于今西宁七一路青海省军区所在地，由青海回教教育促进会创立于1932年。学校初名为青海回教教育促进会会立第一中学，1940年改名为昆仑中学。1931年回教教育促进会（在今东关回民女子小学所在地）设立师资讲习所，次年，马步芳拨款1万元，创办附设中学，后称青海回教教育促进会会立初级中学，又称回中。1935年，回中另在北门外新建校舍，增设高中部，称青海回教教育促进会会立高级中学，马霄石任校长，后由马步芳亲自兼任。初中均设双班，并在校内修建清真礼拜堂，供信仰伊斯兰教的教职工礼拜用。同时创办发行《星月》刊物。《星月》除刊登伊斯兰教义外，兼登学生习作。30年代末，学生数达800人，另附设简师班，为各县输送小学教师。后又将原地方的行政干部训练班纳入该校，设多种职业班，为全省行政和马家军队培养了大批骨干。1940年，学校扩大校址，占地数百亩，设有初中14个班，高中4个班，在校生达2200余人。1945年，相继举办第一、二、三分校，增设阿拉伯文女子小学5处、幼稚园2处，班次增加至110个，在校学生总数达8500余人，教职员工达646人。生源主要为回族、撒拉族，也招收部分汉、藏、土、蒙古族学生。

学校实行供给制，经费由地方行政和促进会拨付。1942年停招普通中学生，全力举办干训班。至1946年干训班撤销后，方以昆仑中学名义招收，设初中班15个，高中班4个，师范班6个，附设小学班16个，幼稚班6个，还附设分校3所，阿文女校共37个班。学校实行严格的军事训练，学生总部设有6个大队，18个中队，54个分队，即其他直属中队和分队。把全校中学部、师范部、小学部和训练部的学生全部编入各分队一班，分队长由学生担任。抗日战争爆发后，增加军事训练课程，讲授“步兵操典”。1940 年后，初中增加阿拉伯文课程，高中增加伊斯兰教义课。学生来源为各族兼收，入学后享受公费待遇，书籍、文具、食宿、衣服，均由校方供给。学生毕业后，按照马步芳的授意，有些人成为马家军的骨干，多数成为马步芳军队中的下级军官。

学校办有《昆友》《昆仑月刊》《教育通讯》等校刊。新中国成立后，昆仑中学校址由青海省军区占用。

管理中英庚款董事会会立湟川中学

管理中英庚款董事会会立湟川中学，创建于1938 年。1938 年，管理中英庚款董事会为了发展边疆文化教育，拟在西北地区筹建一处规模较大的中学。时任“九世班禅驻京办事处”处长的朱海山听到这个消息后，便四处积极争取，欲将这所学校设在西宁。次年秋，受聘于西北教育设计委员会的中央研究院社会学研究所所长陶孟和、燕京大学历史系主任顾颉刚、教授王文俊来西宁考察。1938 年春，顾颉刚和燕京大学教授戴乐仁和梅贻宝等又先后两次来宁，决定在西宁设立一所完全中学，由庚款会拨补助款并配备师资和图书设备。于是该校便从当年 4 月先租赁民房，进行筹备，于 8 月招收初高中学生及附小学生、幼稚园学生各一班。与此同时，在贾小庄购地兴建校舍，并于当年冬季和次年春，陆续迁入新校舍，正式定名为“管理中英庚款董事会会立湟川中学”。直属庚款董事会，王文俊任校长，开设英文、国文、算术等课程。学校有严格的升留级制度，教学质量较高。1944 年，管理中英庚款董事会撤销，学校隶属国民政府教育部，改称“国立湟川中学”。

东关同仁小学

东关同仁小学，即在清乾隆年间创修的回民社学的基础上，于 1917 年改建的，校址在今社学巷东关大街小学。辛亥革命后，各地推行新式教育，回民社学改为西宁县立初等小学。比较关心地方教育的蒙番宣慰使马麒任职后，为了加快本民族教育的发展，改名为东关同仁小学，聘当时名流邵鸿恩为校长，时有学生 100 多人。

邵鸿恩（1875 年—1943 年），字锡三，西宁人，清末秀才。喜诗文，善书法，曾任私塾教师和私人国文教员。1915 年，他受聘任私立回族初等小学主事（校长）兼教员。为了扩大回族学校，发展回族学校教育事业，争取让更多的回族儿童受到教育，他积极建议甘边宁海镇守使署在东关设立了同仁学校，并任该校校长，聘田生芳（回族）等执教。当时的回族子弟由于种种原因不愿上学读书，邵鸿恩以极大的热情每天早出晚归，走家串户，说服和动员回族儿童上学读书。“精诚所至，金石为开”，在他坚持不懈的努力下，学生逐年增多，由二三十人发展到百余人，班级逐年增加，学校也由初级小学扩展成为完全学校。邵鸿恩在东关同仁小学执教 12 年，在回族群众中赢得了很高的声望，当他调离这所学校时，东关地区的回族群众向他赠送了“德高望重”的匾额，以颂扬他兴办西宁回族教育的业绩和为人师表的品德。

1931 年，随着青海回教促进会影响的扩大，东关同仁小学更名为会立第三高级小学。1942 年又改称为昆仑中学附设第三小学。新中国成立后，曾一度改名为西宁市第五完全小学，从 1969 年起，正式命名为西宁市东关大街小学。

西宁光华小学

西宁光华小学，基督教会在西宁创办的学校，位于西宁西校场街（今教场街）路西。清光绪十七年（1891 年），基督教在西宁设立教堂后，就着手创办教会学校。1912 年，福音堂招收教徒的子弟数人，由牧师胡立礼在堂内传授英文、算术、医学和圣经。1916 年，学生增至 9 人，便在堂内开设教室，正式按日授课。1918 年，教会正式成立福音堂小学，当时学生约有 20 人。1922 年，更名为光华初级小学，任用教徒张得善为校长。1929 年，因班次增加，又扩大为西宁光华小学，有学生 40 余人。1941 年，当时青海省政府下令收回教育权，创办了近 30 年的光华小学遂停办。

西宁培英小学

西宁培英小学，民国时天主教创办的学校，校址位于西宁南大街路东的兵部街天主堂内。1920 年，天主教步基督教后尘，在教堂设立天主教小学，招收教徒子弟 10 余人入学，以教授经文。1931 年，学生增至120余人，遂更名为“培英小学”。培英小学开设语文、算术、美术、体育等课程，教员由神甫和修士担任，从客观上讲，为当时极为落后的青海初等教育起到了一定的积极作用。1941年，青海省政府主席马步芳勒令学校停办，收回教育权，并一度将学校主管、德籍神甫拘押，后将学校改为经学院。

威锐学校

威锐学校，1924年，由时任甘边宁海镇守使的马麒创办。清同治十三年（1874年），西宁知府龙锡庆筹钱购置了广福观西侧的20余间民房创设义学，时称北义学。光绪三十一年（1905年）废科举后，被改为蒙养学堂、初等小学堂。1921年5月，时任甘边宁海镇守使的马麒以果洛贡麻仓部落袭击了他在阿尼玛沁雪山的采金人员为由，派宁海军1000多人残酷地镇压了果洛藏族群众，昏庸的北洋政府却以他征果洛有“功”，颁给了“威锐将军”的名号，以示嘉奖。此后，马麒为了巩固和发展马氏家族在青海的势力，在幕僚黎丹、朱绣等的支持下，积极推行“殖边”政策，兴办教育，振兴实业。1924年，他捐资维修了北义学校舍，并以“威锐”命名，从此，北义学改称为私立威锐学校。当时学校聘有10名教师，学生100多名，分为6个教学班，朱绣兼任校长。1929年后，邵鸿恩先后任锐威学校主事。后来，威锐学校又进行扩建，将东侧广福观屋宇亦改为教室，办学规模进一步扩大。20余年后，马氏家族在青统治随着解放而烟消云散，学校易名为观门街小学。不久，又与创办在统领寺的西宁一中对调，迁入了统领寺旧址。

无我学校

无我学校，1925年由黎丹捐资创办于西宁东教场街（今西大街北侧光彩广场）的报恩生祠（亦称董公祠，祀清末甘军首领董福祥等）。并以他的号为名，称无我学校。清光绪三十一年（1905年），废科举，办新式教育后，兴文社在报恩生祠创办了兴文学校。1914年，兴文学校迁往府门街，后经整治，黎丹在兴文学校原址建起了无我学校。

黎丹，字雨民，号无我。清同治十二年（1873年）出生于湖南湘潭世代官宦之家。黎丹在青海10余年，作为一任地方官吏，对近代青海文化教育的发展有不少建树。民国初年，全国各地新派人物纷纷崛起，而青海则反应迟钝，所出名人寥寥无几。黎丹到青海后，一反积习，立志改变极端落后的文化教育状态。为此他首先选拔、重用人才，对本地文化人士，屈躬访询，引荐擢用，待之以礼，任之以职。在近代青海教育方面颇有成绩的朱绣，就是因黎丹的举荐而走向官场的。

兴文两等小学校

兴文两等小学校，民国时期由西宁兴文社创办。学校初创于清光绪三十四年（1908年），当时校址设在东教场街的报恩生祠内。清王朝灭亡后的1914年，经当局同意，将泽宫东的忠节祠、节义祠屋舍改扩建为教室，移原设于东教场街报恩生祠的兴文学校迁至忠节祠和节义祠，遂改兴文学校为兴文两等小学校。王栋、汪发祥、王万龄、阿尊贤、周宜遵等先后任校长，后几经变动，校址（祠址）成为原西宁十四中的一部分。

青青幼稚园

青青幼稚园，成立于1938年，附设于国立湟川中学，园址初设于西宁斜石巷北侧，由祁秀清任院长，称为湟川中学附设幼稚园。开园后，每年招收新生1个班，幼儿达40名。1940年，幼稚园被移交给三青团青海支部，迁往南大街三青团支部礼堂，改名为青青幼稚园。“青青”意即该院由三青团女青年创办的意思，也有人说，“青青”取自古诗“青青河畔草”中的“青青”二字。同年5月，幼稚园又迁至府门街（今文化街）文庙，幼儿增至200名。为了解决师资问题，又从三青团西宁分团中抽调陈鹏琳、杨生荣、刘毓媛、宁葆祥、李蔚章、秦秀兰等担任教师。

1947年，青青幼稚园有8个班，280名幼儿，教职员10人。由于入园幼儿的增加，又迁往南大街原马步芳一百师师部三官庙。新中国成立后，青青幼稚园迁往斜石巷路北，改名为西宁市第一幼儿园。

芳惠幼稚园

芳惠幼稚园，民国时期由青海回教教育促进会创办。园址位于西宁市东关北门外慈幼巷。马步芳受青青幼稚园的影响，计划在西宁东关地区创建一所幼稚园。1946年8月，在他的主持下，在慈幼巷选址修建。建成后，指令马明善任该院主任，专门从西宁女师中挑选了具有一定教学经验的杨生芳、唐顺梅、李含福、杨生寿、朱喜梅等到该园任教。至于幼稚园取名“芳惠”，意即勿忘他的恩惠。当时芳惠幼稚园有教职员50人，设有6个班，408名幼儿入园。芳惠幼稚园园址宽敞，设备较为齐全，经费由回教教育促进会提供，所以每年还为幼儿免费发放单、棉衣各一套，体格检查一两次。西宁解放后，芳惠幼稚园改名为西宁市第二幼儿园。

芳惠医院

芳惠医院，由青海回教教育促进会创办于 1947 年，院址位于西宁东关北小街。医务人员由省保安处官长医院部分人员和芳惠幼稚园医务组合并而成，共 56 人。芳惠医院有土木结构平房 90 余间，设有医务、事务、文牍、会计室。医务室由住院部、门诊部组成，设有简易病床 30 张，中医有内、儿、妇科，西医有外、眼、耳鼻喉科、中西药房和仅有一台显微镜的化验室，其经费由回教教育促进会提供。服务对象主要是芳惠幼稚园、昆仑中学所属 9 所女子学校、湟中实业公司、义源工厂职工，实行免费治疗，市民也可就诊。1948 年，昆仑中学医务组改名为芳惠医院昆中分院，此后，医院与昆中分院合并，组建为一二九军直属野战医院。1949 年 11 月，被青海省军事管制委员会卫生处接管，次年 3 月改名为西宁市人民医院。

中山医院

中山医院，亦称平民医院，位于今解放路小学地址（原药王宫）。1921 年，西宁医生汪兆芝在药王宫内创办私立医学训科学校，设种痘和医药两个讲习班，每班有学员 20 名。1927 年，西宁区行政长林竞鉴于西宁地区卫生条件落后，积极筹建了平民医院，院址就设在药王宫。后来，孙连仲的军医毛铮任院长，另有医士 7 人开始门诊治病。平民医院尽管规模很小，设备简陋，但它毕竟是青海卫生事业的开端。

1929 年冬青海建省后，平民医院改为省立中山医院，迁往北大街关帝庙内，由省民政厅接管。任唐振元、谢刚杰为院长，医师有唐振元（眼科）、星天光（外科）、毛铮（内科）、张子愚、杨彩堂、孟中元、彭立享等。1946 年 8 月，青海省卫生处挑选省立女子师范和其他学校的学员百余人，在药王宫成立护士职业训练班，学生毕业后大都就业于省立中山医院。1948 年 10 月，训练班奉命改为青海省立高级护士学校，校长由徐学培兼任，并占用原兴文小学的一部分校舍，扩为四个班。一年后，青海解放，学校即被解放军接管。

新中国成立后，高级护士学校与解放军卫校合并，改名为青海省军区卫校（省卫生学校的前身），并迁往北门外（今七一路）马步瀛公馆。卫校迁走后，1964 年 3 月，西宁市政府在药王宫原址上创办解放路小学。

公教医院

公教医院，由天主教所办医院，位于县门街（今西宁人民街）百子宫。为了扩大教会影响，发展教徒，西宁天主教会申请在西宁创办教会医院。1929 年，经当局同意，西宁天主教会公教医院设在县门街（今人民街）百子宫，由德国人夏思德管理。设内、外科和妇科，分门诊、住院两部，有病床 40 余张，并附设了育婴堂。不久，天主教堂将百子宫进行了改建，并用青砖砌成门型建筑，门额为“普度众生”，左右对联为砖雕“起死回生，妙方缘主德；活人济世，良药赖神功。”医院虽小，但在当年缺医少药的年代里，条件还算是好的。据史料记载，当时与其他医院相比，公教医院的收费较低，个别无钱而前来求医的，医院也可免费治疗，客观上还是为广大市民办了一件好事。1949 年后，公教医院停办，原址上建成了青海省种子站。

西宁临时治安维持会

西宁临时治安维持会，是西宁解放前夕，由原西宁市参议会议长张昌荣召集，在北斗宫街省参议会会议室召开成立的临时组织。主要任务是在西宁即将解放之际，开展维持社会秩序、保护公有财物、粮煤仓库、学校、工厂，以积极欢迎解放军入城等。参加会议人员有原参议会部分参议员、警察局负责人、社会知名人士和工商界士绅等，其中有赵珪、赵安邦、李育棻、冯如玺、洛桑香趣、沈海珊、马师融、祁宝山、田生兰、骞清、张鼎文、张景胜、张松山、马延岭等。当解放军强渡黄河，进军青海时，维持会曾派出代表，乘坐汽车前往平安迎接解放军。据史料记载，1949 年 9 月 5 日，当时解放军先头部队的一部分就是乘坐维持会派来的 20 多辆汽车，从平安进入西宁城区的。

青海娱民大会场

青海娱民大会场，位于今省政府院内，时

称“小校场”的地方。1929年元月，青海建省，百事待办，1932年，时任青海省民政厅厅长的王玉堂倡议在小校场修建一处“青海娱民大会场”，使老百姓有个节假日娱乐的地方。他计划用3年时间，在这儿修建亭榭楼阁、运动器械，分别陈列一些出土文物、矿物标本，并圈养一些野生动物，“以资地方人士假日游览。”据已故西宁文史学者魏明章先生回忆，当时在小校场内设置了20多种运动器械，其中有平梯、穿梯、滑台、浪桥、单杠、双杠以及木马等。后又向北扩展，在原演武厅东西一带，分别建成房舍和一幢楼房，向全省各县和文化名人征集珍稀动物、植物、矿物标本，书画文物，以陈列其中，对外展出。经半年努力，又建成亭、台、阁等，又遍植一些树木花卉。当时圈养的动物比较多，都是青海特有的，如鹿、豹、熊、猴、猞猁、狼及一些飞禽等。展览室还展出有一些珍贵文物，如新莽的权衡、金佛、铜佛、古代钱币、陶器、古藏文典籍等数百种。建成后，当时就叫作“青海娱民大会场”，它开创了我省博物馆、动物园的最早雏形。

青海第一森林公园

青海第一森林公园，即西宁北门外的香水园。12世纪时，这里只是元代西宁州卫城外的荒郊野地，崖边砂石缝中有两处清泉流出，涓涓细流，汇集成池。池边芳草如茵，杨柳似染，常有牧童驱犊光顾其地。明初修筑西宁城时，以崖为限筑墙，两泉因紧靠城郭，每当风和日丽，这里有人三五成群，垒石野炊，直至红日西坠。清乾隆年间，国力鼎盛，百废俱兴，西宁道佥事杨应琚、西宁县县令陈铦在此“浚池构亭，名香水园。”到同治光绪年间，由于连年战乱，香水园到处是一片破败景象。西宁名士来维礼先生的《暮春游香水园》一诗，就刻画了这一状况“池空夜雨添流水，门锁春风扫落花；寂寞楼台藏野鼠，萧条庭树集山鸦。”光绪二十三年（1897 年），西宁县县令萧承恩离任时又捐银 200 两，作为修园基金，香水园境况得到一定改善。香水园门正对北门坡，北古城下渠穿园而过，园南城墙高耸，崖坡依次建有老虎洞、四望亭、万德巷、药王阁等诸景点，其间以石阶相连。登坡远望，湟水蜿蜒，北郊风光，尽收眼底。尤其每年四月初八，人们纷纷出城踏青，这里热闹非凡，古人《北门外四月初八日会即事》一诗，就描绘了当时的盛况“巫人竞效婆娑舞，士女半为汗漫游；柳色城阴浓古寺，欢声笑语满平畴。”

1932 年，经马步芳倡导，当局对香水园进行了一次大的维修，改名为“青海第一森林公园”。

麒麟公园

麒麟公园，位于西宁市西门外南川河西岸。至于公园得名的原因，据《晋书》《十六国春秋 · 南凉录》记载：“建和二年春正月（建和，南凉康王秃发利鹿孤年号；建和二年，即公元 401 年），龙见于长宁，麒麟游于绥羌。秃发利鹿孤欲称帝，于是群臣皆劝之，……”长宁即今大通县长宁镇；绥羌即今西宁南川。因这一典故，南川河被称作“麒麟河”，河西岸土坡下的一眼泉水也被人称作“麒麟泉”。1932 年，当时的西宁县有关部门在此移石填土，修建苗圃，栽植杨树、垂柳、黑刺等苗木，之后又开挖水池，栽种花木，并陆陆续续修建了凉亭、楼阁和牌坊。经几年的整修美化，“景色大增”，因地处当时西宁西郊外的麒麟河西岸，当时定名为“麒麟公园”。1943 年 4 月，由当时青海省临时参议会秘书长姚钧撰文、省政府教育厅秘书、我省近代著名书法家李德渊先生书丹，刻了《重修麒麟公园碑记》，立在公园内的思源亭内。碑额正面刻有“饮水思源”四个榜书大字，碑阴为碑文。碑文介绍了西宁历史、公园得名的来历、公园建设的始末、公园设施、功用及督工兴建者的情况等。从“相度地势，成麒麟阁五间，榭三楹，亭五处，清泉数十，潴为池塘者六。东筑石笼五道，西因高陌，假山佳木异卉，新篁青条，来自数百里外。圜境精华，成附郭之胜地”的碑文来看，可以想象出当年麒麟公园的盛况。

新中国成立后曾更名为“胜利公园”，从 1981 年起进行扩充改建，逐步形成了有一定规模的游览场所，并一度改名为“儿童公园”。

湟中公园

湟中公园，位于西宁城东北角湟水边。20 世纪二三十年代，湟水泛滥，在今五一桥一带淤出一块新的河滩地，面积约 2000 余亩。1936 年，当时的青海省政府动用兵工在这儿种植花木，建造亭台楼阁，开辟成为园林，供游人休憩远眺。因其南东关大街建有湟中大厦，所以定名为湟中公园。新中国成立后，经大规模改建，一段时间里称为“五一俱乐部”，后改为劳动公园。

西宁惠宁桥

《五峰书院碑记》原刻碑

一颗印

湟中大厦

昆仑大旅社

湟中实业公司

纸坊街

昆仑大旅社

昆仑大旅社，西宁城内20世纪前半叶有名的建筑物名，建于民国十五年（1926年），位于今大十字西北角、原省民委大楼处（今大十字兴旺大厦地址）。昆仑大旅社为二层建筑物，右侧有交通岗亭。

山陕会馆

山陕会馆，位于西宁市会馆街，今兴隆巷。是当年在青经商的山西、陕西商人共同集资筹建的。史有记载，“晋人善贾”，当时在西宁经商且有名气者，不下50余家，故有“客娃满半城”之说。他们远离故土，在外经商，为了加强彼此联系，互相关照，增进乡谊，交流商情，协调商务纠纷，融洽与官府的关系，设立一个共同议事的场所是十分必要的。早在清光绪十四年（1888年），他们就曾在今湟光附近（今大众旅社）建起会馆，但建成不久，就毁于1895年7月的战火。5年后，他们又选取较为安全的城内后街茶店地址，购地重建，建起了规模更为宏大，布局更为严谨，殿宇华丽，结构精巧的“山陕会馆”。

山陕会馆一进四院，气势宏伟。山门、戏台、香厅、关帝殿、三义楼沿会馆中轴线一字排开，集中地显示了山陕商人的财力和人气。这里除了按一定的日子演出会戏和节令戏外，也开创了西宁演京剧和电影之始。著名作家萧军之妻王德芬兄妹和“西部歌王”王洛宾先生都曾在这里演出过《打回老家去》等抗战话剧和教唱过《大刀进行曲》等抗日歌曲，为推动西北地区的抗战做出了积极贡献。1943年，当局正式在这儿开设湟光电影院，演出《荒江女侠》等无声电影，直到1946年才迁往城东新址（湟中大厦东侧）。

新中国成立后，山陕会馆成为解放军一军三师宣传队的演出场所，一军入朝鲜参战后，曾一度作为志愿军的牛肉干加工车间，后又成为烈军属被服厂。

湟中大厦

湟中大厦，位于今西宁市城东湟光地区东南角。1943 年，湟中大厦和湟光电影院同时动工兴建，1946 年建成。这是西宁第一次有了砖混结构的建筑物，也是西宁现代建筑之始。湟中大厦共 3 层，建成 3 年后，马氏政权垮台。逃跑前，马步芳在湟中大厦仓促召集马步銮、冶成荣、孟全礼、马华荣等开会，对在宁的高级官员，散以黄金，指令他们分散隐蔽，“战马当耕马，武器埋地下”，伺机东山再起。1949 年 9 月 5 日，解放军一军第五团一天一夜前进 150 多里，从平戎驿（今平安驿）乘西宁各界代表派出欢迎我军的汽车，分四批进城，接替了军骑兵先遣侦察队的防务。颜金生政委、王万金副师长、王时军参谋长及作战人员携电台，从平戎驿乘车，于中午进城，并在湟中大厦内设置了指挥所。第六团从乐都岗沟急行军进到乐家湾后，分批乘汽车进入西宁市，分驻湟光电影院和东关担任城内警戒，并作为师部的机动部队。逃窜到上五庄的马步芳部八十二军副军长赵遂等在解放军威力震慑和劝降团的劝导下，派两名代表到西宁献投降书，军首长王尚荣代表部队在一军指挥部湟中大厦主持了受降仪式。

湟光电影院

湟光电影院，我省第一家有独立地址的正式电影院。我省地处西部边陲，文化落后，直到 20 世纪 40 年代初，才引进放映电影的设备。1943 年，当局在西宁后街山陕会馆中开设湟光电影院，演出《荒江女侠》《日本火山爆发》等无声电影。这是西宁演出电影之始，人们都以自己曾看过电影为荣。同年，当局决定在东关大街和花园南街交汇处的东南角动工兴建湟中大厦和湟光电影院。湟光电影院由湟中实业公司投资，王尚斌先生设计，总建筑面积约 800 平方米，设有 500 个观众座位。二楼有包厢 4 间，于 1946 年正式建成。这是西宁第一次有了砖混结构的建筑物，也开创了西宁现代建筑之始。建成当年，湟光电影院从山陕会馆迁往城东新址，即今城东湟光地区东南角，湟中大厦东侧。放映机为美国造“辛泼莱克斯”座机。

新中国成立后，湟光电影院因建筑基础差，1964 年停业，后被拆除。由于湟光电影院的原因，“湟光”成为这里的地理标识，尽管湟光电影院已成为历史，但至今人们仍称这里为“湟光”。

八大工厂

八大工厂，位于今西宁小桥大街路东，马步芳统治时期修建的八座工厂。1942 年，马步芳动用“常备兵”征集款 20 多万元（银币），派青海省保安处处长韩起功在小桥地区征收农田 260 亩，修建了土木结构的八座厂房，于次年建成。1944 年，位于西宁南大街火神庙的海阳化学厂迁往小桥。1945 年 12 月，马步芳从兰州工业试验所聘请总工程师沈鸣泽、徐自扬及技术员郑克葆等来西宁，指导生产玻璃和硫酸。马步芳当局经营的“八大工厂”为玻璃厂、洗毛厂、纺织厂、三酸厂、火柴厂（生产“航空牌”火柴）、皮革厂、机器厂、制磷厂（直到马家政权溃逃时，此厂尚未建成）。站在历史的长河中溯源，尽管它是马步芳创办的官僚资本企业，但从客观上看，不失为青海现代工业的萌芽，在一定程度上，也带动了小桥地区的开发。

义源工厂

义源工厂，马步芳军队后勤装备加工工厂，厂址在西宁东关，成立于民国二十一年（1932 年）。义源工厂得名于“义源祥”商号。“义源祥”商号原为马步芳表兄马禄（字祥臣）在化隆开设的商号。马步芳任宁海军营长时驻防化隆，曾委托该商号为其采购军需用品和存汇款项，并投资 3 万元银币与其合资经营。民国十八年（1929 年），马步芳出任西宁城防司令，“义源祥”商号也随之迁到西宁，马禄的股金被退出，变为马步芳独资经营的商号。马步芳为解决部队服装及其他装备生产，在“义源祥”商号附设义源工厂，内设制作被服、军鞋、制革、缠腿布、马鞍及铁工等车间。后随着马步芳部队人员的急剧增加及对物资的需求增加，义源工厂的生产规模也逐步扩大。据史料记载，当时工人工资很低，多以青盐等物顶替，劳动强度很大。由于义源工厂是为马氏家族军队服务的，工厂工人也按营、连、班的组织实行军事化管理。随着军事形势的变化，义源工厂的生产任务也越来越重，当局还时常强征西宁各行业的技术工人轮流到义源工厂做无偿劳力。

德兴海

德兴海，总店设于西宁东关大街，马步芳官僚垄断资本商业的商号，成立于民国二十八年(1939年)。1939年,马步芳将“义源祥”商号改名为德兴海，任命冶成荣为总经理，经营布匹、百货、茶叶、粮食、食油、食盐、沙金、木材等。除“义源祥”原有的分号外，又在民和川口、马营，湟中上五庄，大通桥头，循化白庄，共和恰卜恰，兴海大河坝、羊曲，同德拉加寺、什藏寺，都兰香日德、察汉乌苏、希里沟、德令哈，玉树结古，祁连八宝、俄博等地增设分号。德兴海先后还在兰州、西安、老河口、汉口、天津、上海设置了办事处。

湟中实业公司

湟中实业公司，总店设于西宁东关大街湟中大厦对面。马步芳官僚垄断企业，成立于民国三十五年（1946年）元月。马步芳为了全面控制青海国民经济，把原来分散经营的官僚资金，如协和商栈、德兴海和工厂、矿山、盐场、伐木场、牧场等集中起来，成立董事会。董事长为马步芳，总经理为冶成荣，董事26人，皆系马氏家族重要成员和军政权贵，下设商务、工矿、林牧三个部和银行，先后又分别组成了西北工矿公司、西北畜牧公司和湟中实业银行。

中山市场

中山市场，位于今西宁城中小新街一带，20世纪前半叶西宁有名的市场。

清雍正十二年（1734 年），时任临巩布政司的杨应琚和西宁道副使高梦龙、知府杨汝榧、知县沈予绩、张登高创设贡院，清末废科举后，贡院被废。民国七年（1918 年），原清代西宁贡院划拨给师范学校后，因“日形坍塌，虽由该校拆毁，开成小新街，东西并修楼房，招商居住，以为学产。”新形成的市场定名为“中山市场”。市场内人来车往，十分繁华，还设有茶园兼办的戏院，戏院前半部分安置有十几张方桌，可供 100 多位观众看戏品茶。后半部分则是空地，出售站票。中山市场内戏院设备虽然简陋，但作为那个年代的公共娱乐场所，是西宁市第一个对外营业的戏院。该戏院以演出秦腔戏为主，兰州“化俗秦剧社”“新兴秦剧社”西宁“云育秦剧社”均在此戏院挂牌演出。戏院生意一度较为兴隆，后由于马步芳几次在戏院乘演出时抓兵而导致歇业。

东方木场

东方木场，20 世纪 30 年代马步芳在兰州开设的木场，专门出售从青海林区砍伐的木材，多数是大通鹞子沟林区木材。大通广惠寺全盛时，不但殿宇众多，而且拥有鹞子沟、楞干庄、克麻尔、阿家庄一带的森林。尽管当时东峡南山林木遍布，但只有这里“干高林大，森林茂密”，面积约十平方公里。因属于广惠寺寺产，在寺院喇嘛和信教群众的精心护理下，数百年来，鹞子沟林区松涛如海，黛色一片，蔚为大观。自古道：“天下名山僧占多”，那时的鹞子沟地区林海对佛院，梵音伴钟声；香烟绕山去，疑是西天景，确实是一方名胜之地。

1937 年，广惠寺活佛敏珠尔在南京圆寂。消息传来，举寺悲痛。

正当僧俗群众进行宗教活动之时，时任青海省政府代理主席的马步芳派人传话说 ：“敏珠尔活佛生前已以 120 两黄金将鹞子沟林区全部卖给了他，木价已全部付清。”在当时的情况下，惧于马步芳的权威，广惠寺僧众也不敢辨其真伪。不久，马步芳在兰州开设了“东方木场”，准备专售从青海运来的木材。

1938 年，正是抗日战争最惨烈的岁月，战火燃遍了中原大地，而远在西北一隅的青海，随着当局一声令下，西宁、湟中、大通、互助等地大批农民被征发应差，并要“自备口粮、炊具、帐篷、斧器”，赴鹞子沟伐木。马步芳并派出一名旅长带兵，在“林区周缘和东峡河、北川河沿岸节节监视。”据史料记载，当时由于树大林密，伐木时“树梢交架，及时不倒”，民工们“躲避不及，砸死者甚众”。有的被树杈“穿胸透背，钉于地上。种种惨象，令人怵目伤心。抛尸他乡，家人难得音讯。”

1940 年，广惠寺森林几乎被伐尽，鹞子沟、克麻尔等一带变成了“秃丘兀岭”，而堆积在兰州东方木场如山如陵的木材，伴随着连名字也未留下的许多冤魂，变成了 80 余万元银币，塞进了主政者的私囊。

冰鉴照相馆

冰鉴照相馆，由罗凤林于 1913 年开设于西宁西大街，是 20 世纪初西宁乃至青海的第一家照相馆。

罗凤林（1885 年—1957 年），字竹亭，循化人。1906 年，20 岁的罗凤林被马麒（时任循化营参将）选派到甘肃武备学堂学习，两年后，他的弟弟罗凤翔等人也入选进湖北武备学堂。在学习军事的同时，罗凤林等人参加了同盟会。1911 年 10 月 10 日，当武昌起义的枪声打响时，他被张钫任为指挥，参与攻打湖广总督衙门的战斗和武汉三镇的战役。其弟罗凤翔（同盟会会员），在潼关战斗中牺牲。

1911 年 10 月 16 日，罗凤林被派往西安，参加西安的武装起义。但他们于 22 日赶到西安时，西安已被义军掌控，遂派往甘肃进行革命活动。1912 年，他和其他几位同学在甘肃河州人徐让的带领下返回兰州，从事陇上革命活动。在兰州，罗凤林先后参加了反对赵惟熙、张炳华、张广建的活动，因张广建开始缉捕革命人士，他不幸在隆德被捕，险遭杀害。后被友人保释，于 1913 年底返回西宁，在西宁西大街开设冰鉴照相馆，一度脱离政界从事经商活动。之后，罗凤林在国民党青海省党部工作，先后又在新编第九师任参谋、第一百师任电台台长、循化县政府承审员、教育局局长，民国二十四年（1935 年）任都兰县县长。

1913 年，“西姆拉会议”后，英方以西藏亲英势力为内应，提出将青海南部划入“内藏”，以定中、藏界线，从而达到分割青海、成立所谓“西藏国”的罪恶目地。值此国势衰微之际，时任甘督署内务科长的周希武慷慨上书甘肃督军张广建，并呈北洋政府，援引图史，痛陈利弊，怒斥南北军阀“竞争权利于中区（内地）蹄涔之水，坐视百余万方里之陆海，以待他族开辟”的丧权误国行径，并疾呼“玉树不保，势将北扰。”“今欧战（第一次世界大战）方酣，（列强）无暇东顾，经略海藏，此诚千载一时之机会。失今不图，后必噬脐。”从而引起海内重视，周希武也因一封《上甘督张广建书》而名闻陇上。此时罗凤林被聘为勘界大员周本斋的摄影随员，会勘青南边界。与其他人一起，骑马乘驼，晓行暮宿，绝河源，渡昆仑，涉金沙江，鲜犯瘴疠，入无人之境千余里，艰苦备尝，给我们留下了不少反映当地风土人情的珍贵照片，都收在周希武的《玉树调查记》中。周希武在该书中写道："罗君凤林均摄影以作纪念，今并附插卷首，以助阅者之兴焉。"

海清浴池

海清浴池，西宁第一家官办公共浴池名，建于 1938 年，位于西宁大新街南口（今东大街医药公司地址）。据曾任乐家湾军人浴池主任的陈邦彦先生回忆，西宁洗浴业始于 1924 年，当时由一位河北商人在观门街路西创设一所设备简陋的小型浴池。1928 年，山西商人王子珍、党献亭在大新街北端开设一座浴池，并附设理发业务。1929 年，时任省教育厅厅长杨希尧为提倡讲卫生，在西大街（今大十字邮电局附近）开设了一所"职工浴池"，倡导公务人员讲究卫生。受此影响，第二年由山西商人崔连山出头，联合德盛魁、天昌正、庆盛西等商号在仓门街创办"玉清池"，分雅座和官座。1931 年，山西人石子厚又在大新街开设"瑞福池"，由于设备较好，生意兴隆。1938 年，青海省政府主席马步芳开办"海清浴池"，由于是官办企业，规模较大。海清浴池分两层，设特座、雅座、普通座，洗浴形式有盆塘、大池、吊桶（淋浴）三种，设备齐全，条件更好，并让吴世瑾担任经理。1942 年，马步芳又在乐家湾建起了军人浴池"永乐池"，专供官兵使用。